东尼·博赞为新版“思维导图系列”致中文读者的亲笔信

LETTER FROM TONY BUZAN

INVENTOR OF MIND MAPS

The new edition of my Mind Set books and my Biography, written by Grandmaster Ray Keene OBE will be published simultaneously this year in China. This is an historical moment in the advance of global Mental Literacy , marked by the simultaneous release of the new edition of Mind Set and my biography to millions of Chinese readers. Hopefully, this simultaneous release will create a sensation in China.

The future of the planet will to a significant extent be decided by China, with its immense population and its hunger for learning. I am proud to play a key role in the expansion of Mental Literacy in China, with the help of my good friend and publisher David Zhang, who has taken the leading role in bringing my teachings to the Chinese audience.

The building blocks of my teaching are Memory power, Speed Reading, Creativity and the raising of the multiple intelligence quotients, based on my technique of Mind Maps . Combined these elements will lead to the unlocking of the potential for genius that resides in you and every one of us.

TONY BUZAN

MARLOW UK 5/07/2013

东尼·博赞思维导图系列
畅销修订版

思维导图

使用手册

[英] 东尼·博赞 / 著
丁大刚　张斌 / 译

化学工业出版社
·北京·

图书在版编目(CIP)数据

思维导图使用手册/[英]博赞(Buzan, T.)著;丁大刚,张斌译. —北京:化学工业出版社, 2011.6(2014.1重印)
书名原文: Use Your Head: How to Unleash the Power of Your Mind
ISBN 978-7-122-11232-3

Ⅰ.思… Ⅱ.①博… ②丁… ③张… Ⅲ.脑-智力开发 Ⅳ.B848.5

中国版本图书馆CIP数据核字(2011)第085160号

Use Your Head: How to Unleash the Power of Your Mind / by Tony Buzan
ISBN 978-1-4066-4427-2

北京市版权局著作权合同登记号:01-2011-3205

责任编辑: 李岩松 张焕强
责任校对: 战河红
策　　划: 慧志文化(witsbooks@gmail.com)
装帧设计: Evan

出版发行: 化学工业出版社(北京市东城区青年湖南街13号 邮政编码100011)
印　　装: 北京画中画印刷有限公司
880mm×1230mm 1/32 印张6½ 字数125千字
2014年1月第1版第5次印刷

购书咨询: 010-64518888(传真: 010-64519686)
售后服务: 010-64518899
网　　址: http://www.cip.com.cn
凡购买本书,如有缺损质量问题,本社销售中心负责调换

定　　价: 29.80元

献给您及我亲爱的妈妈琼·博赞和爸爸戈登·博赞

目 录

序

物理学家尼尔斯·玻尔（Niels Bohr）曾经告诫一位同学说：“你不是在思考，你只是在进行逻辑推理。”所以我倾向于认为，逻辑不是我们评价潜能的标准。我们的大脑事实上与“逻辑”计算机有很大的不同。

在21世纪，了解我们的大脑比以往任何时候显得更为重要。我们都过着更为健康和长寿的生活，但是有时候我们似乎忘记了，如果我们不保持大脑的健康，更为长寿和健康的生活就没有什么意义了。我们要想有健康的大脑，我们就需要确保大脑的活跃——使用我们的记忆力，高效和有创意地思考——最终发挥我们的潜能；而这在不久之前是受到出生和健康的限制的；我们只是在过着受某种命运所支配的生活。

现在，我们可以问一些大问题：“我正在怎样地生活?”“我生活的全部意义是什么?”我认为，大脑研究正在“趋于成熟”，它不仅要问我们应该怎样让人们生活得更好或我们应该如何提高记忆力——尽管这是两项非常受欢迎的发展，而且还要解决最令人振奋的问题：“是什么造就了我这个个体?”“我怎么才能够发挥我的潜力?”

我为庆祝我们的大脑，尤其是21世纪的大脑和思维向东尼喝彩。东尼40多年来一直走在大脑和思维研究的前沿。我向您推荐他激动人心的“思维导图”系列图书（《思维导图宝典》、《博赞记忆术》、《博赞速读术》、《思维导图使用手册》），这些都是提升脑力的好图书。您的冒险之旅才刚刚开始。

苏珊·格林菲尔德男爵教授

大英帝国二等勋位爵士

福勒里安生理学教授

牛津大学林肯学院高级研究员

国家荣誉勋位团勋章获得者

致谢

作者致谢

把《思维导图使用手册》带向21世纪（“大脑的世纪”），是一个全球团队的功劳。在此，我向“博赞国际中心”（一个真正健全和正在成长的全球性网络）的全体同仁致以衷心的感谢！感谢所有的博赞培训大师和来自“博赞世界”的认证讲师。感谢日本的神田昌典（Masanori Kanda）、美纪子川濑（Mikiko Chickada Kawase）、肯伊藤（Ken Ito）和小林史郎（Shiro Kobayashi）；感谢澳大利亚、新西兰博赞中心的比尔·加拉德（Bill Jarrard）和詹妮弗·戈达德（Jennifer Goddard）；感谢亨利·托伊（Henry Toi）、埃里克·昌（Eric Cheong）和吞程昌（Thum Cheng Cheong）和博赞亚洲团队；感谢博赞欧洲中心的希尔德·加斯帕尔特（Hilde Jaspaert）；感谢博赞拉丁美洲中心总裁豪尔赫·奥·卡斯塔涅达（Jorge O. Castañeda）。

我还要感谢：布莱恩·李（Brian Lee），感谢他的友谊，感谢他坚定地支持我把“思维导图”系列图书带给公众；世界思维导图锦标赛冠军得主和博赞认证资深讲师菲尔·钱伯斯（Phil Chambers），感谢他创作的许多绝妙的思维导图和孜孜不倦的幕后投入（请访问 www.learning-tech.co.uk）。我还要衷心地感谢我的弟弟巴利·博赞（Barry Buzan）和画家罗琳·吉尔（Lorraine Gill）。我还要感谢博赞总部的“家庭团队”，包括安妮·雷诺兹（Anne Reynolds）、苏子·洛克特（Suzi Rockett）和珍妮·雷德曼（Jenny Redman），感谢他们伟大的后勤支持和努力。

我要感谢培生出版集团的出版总监理查德·斯塔格（Richard Stagg），他在该项目的启动上起着举足轻重的作用；我还要深深地感谢我的组稿编辑萨曼莎·杰克逊（Samantha Jackson），感谢她在酝酿《思维导图使用手册》一书的漫长过程中的全身心投入；还要感谢她在哈洛的团队——卡洛琳·乔丹（Caroline Jordan）、芭芭拉·马萨姆（Barbara Massam）、艾玛·德夫林（Emma Devlin）。我还要感谢我的独立顾问编辑詹姆斯·哈里森(James Harrison),感谢他在该项目前前后后帮忙组织和定型。詹姆斯还新近成为了一名思维导图博赞认证讲师和计算机思维导图软件 iMindMap 的培训师,这都是他应得的荣誉。

最后,我要感谢所有的思维导图创作者、记忆大师和快速阅读者,感谢他们热情地为第一版以及这一修订升级版提供了故事和测试题;还要感谢由于版面的原因,没有提及或没有能够包含进来的那些人。

出版者致谢

我们愿向下列人士允许我们使用他们的版权资料致以由衷的感谢。

思维导图

以下思维导图的版权为下列人士所拥有。

菲尔·钱伯斯:图 3.1,图 5.1,图 5.2,图 5.4,图 5.5,图 6.4,图 8.4,图 9.4;鲍勃·哈维(Bob Harvey):图 5.6;罗伯特·沃斯特(Robert Walster):图 7.4;希尔德·加斯帕尔特:图 9.1;艾伦·伯顿(Alan Burton):图 9.6,图 9.7,图 9.8;苏子·洛克特:图 10.1。

照片

爱德华·休斯(Edward Hughes):图 1.1,图 1.2。

图解

第一版由 A1 创意服务(A1 Creative Services)、罗琳·吉尔、迈克·吉尔吉斯(Mike Gilkes)、派普·雷夫(Pep Reiff)、罗伯特·沃斯特、艾伦·伯顿和本·克拉克内尔工作室(Ben Cracknell Studios)所提供的黑白插图(这些都由菲尔·钱伯斯为本修订版进行了重新绘制)。

MedicalRF. com/Science Photo Library:图 2.2;Mike Agliolo/ Science Photo Library:图 2.3;Salvador Dali, Fundacio Gala-Salvador Dali, DACS, 2010 and Bettman/CORBIS:图 5.3;菲尔·钱伯斯:图 6.1;Getty Images/Stuart Gregory:图 6.2;POD/Photodisc, 摄影史蒂夫·科尔(Steve Cole):图 6.3;POD/Photodisc:图 6.5;POD/Jupiter Images, Brand X, Alamy:图 10.2。

出版者已经尽了一切努力寻求这些资料的版权所有者，请他们允许我们在本书中使用这些图片。但在有些时候，我们没能够找到这些版权资料的所有者，请拥有这些信息的人与我们联系以便我们能一一感谢。

引 言

假如你是一名奥林匹克运动选手，身姿矫健，而且心血管健康良好……但你不幸陷入了一片沼泽或流沙之中。你会作何感想？你无疑会用你的奥林匹克体能帮助自己摆脱这种困境。如果你这样做，结果会怎样？你会陷得更快。

正如莎士比亚所言，那就是问题所在。这是一个进退两难的境地。作为一名奥林匹克运动选手，尽管你天资聪颖、力量强大、身心专注，但你还是会陷进去，因为你没有应用正确的思维来思考你所面临的挑战。你之所以会下陷，实际上正是因为你的努力。我们许多人在使用大脑的时候，也正是这样做的——我们会莫名地不知如何发挥大脑巨大的能量。

《思维导图使用手册》可以帮助你理解如何有效地发挥大脑的能力，无论你面对的挑战是什么。我把它称为大脑的“使用说明书”。其目的是帮助你培育自己的“超级生物计算机”，并释放你天生所拥有的非凡脑力。

现在我给你讲一个简单的故事，来告诉你我是如何发现这部“大脑使用说明书”的……

我在上大学的时候，我的成绩开始逐渐下滑，我的信心也在逐渐下降，我需要做的工作也一天天堆积了起来。于是，在绝望之下，我来到了图书馆，低声对图书管理员讲：“我需要一本有关如何使用大脑的书。”

她说：“医学类图书在那边。”

我说：“我不是想给大脑动手术，我是想学习如何使用大脑。”

她说：“噢，没有那种书。”

事情就是这样的。

我想，多么奇怪呀！如果你买一台笔记本电脑、手机或掌上电脑，随之还会附赠什么？

一本使用说明书（要么是纸质的，要么是在线的）。

然而，我们大脑这台最重要设备的使用说明书在哪里呢？没有这样的使用说明书？现在有了，我很高兴向你介绍这本你所急需的大脑使用说明书，即《思维导图使用手册》。

1974 年，BBC 播出了我的 10 集电视系列片《思维导图使用手册》，第一次正式向世界介绍了我所创造的“思维导图”这个基本概念。《思维导图使用手册》是一本“搭售”书，实际上是我的大脑系列图书之“母”（其后的图书包括《博赞记忆术》、《思维导图宝典》、《博赞速读术》）。这部电视系列片重复播放了有 10 年之久，与其同名的《思维导图使用手册》一书也成了世界畅销书。与此同时，我也被作为一个品牌向世界推广，到世界各地巡回演讲，深受大众的欢迎。

20 世纪 70 年代末，第一批成功案例相继见诸报端，特别是爱德华·休斯令人振奋和惊奇的故事（参见第 1 章）。20 世纪 80 年代早期，面对大批学生的一系列超级讲座陆续推出。其中最为知名的要数发生在南非约翰内斯堡的“索韦托 2000”活动。当时，有 2000 名来自索韦托镇的青少年自愿参加了为期 3 天、声势浩大的“启动大脑”活动。

1995 年 4 月 21 日，《思维导图使用手册》步入成年，迎来了它的 21 岁生日，其全球销量突破了 100 万册。为了纪念这一辉煌时刻，英国伦敦皇家艾尔伯特大厅首次为一本书举行了盛况空前的庆祝活动——“思维节暨《思维导图使用手册》21 岁生日派对”（参见图 I.1）。

新千年伊始，沃特斯通（Waterstones）连锁书店协同快报报业集团将《思维导图使用手册》选为“第二个千年最伟大的 1000 部著作”之一，并把它推荐为未来“思维新千年”必读书目之一。

为了纪念《思维导图使用手册》出版 35 周年这一盛事，BBC 推出了“思维导图”系列丛书——第一套讲述如何使用大脑的百科全书，其中包括升级版《思维导图使用手册》，及其“孩子”：《博赞记忆术》、《思维导图宝典》、《博赞速读术》。你现在手中拿的是这本书的最新版本。我希望，你能像数以百万计的读者一样从中受益。它将教会你如何使用你的大脑这个“知识管理者”，以及如何提高你的学习能力、记忆力和创造力，从而最大限度地发挥你的脑力。

图 I.1 1995 年为纪念《思维导图使用手册》出版 21 周年在伦敦皇家艾尔伯特大厅举行的第一届“思维节”

我对创造力尤其关注，因为我们的学习系统似乎是在逐渐抹杀创造力！受控的创造力研究证实了这一点。让不同年龄组的人解决一组相同的问题，然后详细评价他们解决问题时所表现出来的速度、灵活度、想象力和创新性。用百分比来表示他们的“创造潜力”。结果很有趣（参见图 I.2）：

- 第一组受试者是幼儿园的小朋友，得分为 95%；
- 第二组受试者是小学生，得分为 75%；
- 第三组受试者是中学生，得分为 50%；
- 第三组受试者是大学生，得分为 25%。

这是创造力的极大下降，而且将持续到成年。这一发现表明，随着我们年龄的增长，我们的创造力似乎在持续下降。

所有这一切都是正常的。因为人们的平均年龄是在增加的，所以每个人的平均创造力百分比是在整体下降的。然而，这也意味着，我们需要更好地处理世界上主要的财富——智力。《哈佛商业评论》深信这一点，它在 21 世纪之初的一期封面上赫然地印着这样一个大标题“正在逼近的创造力危机”。

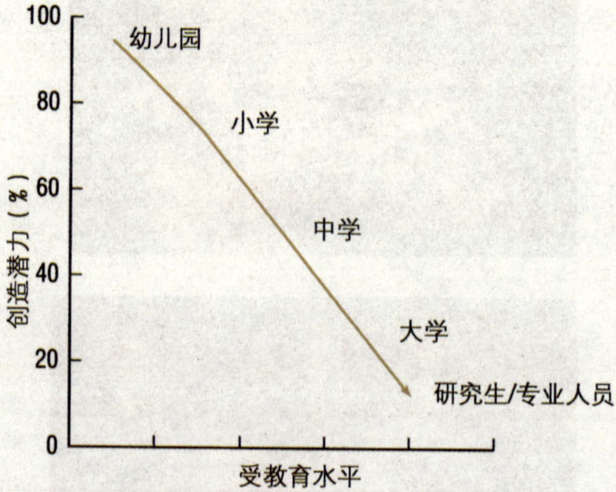

图 I.2　我们的创造力百分比随着年龄的增长而急剧下降——教育系统逐渐抹杀了我们的创造力

这其中的好消息是“正常”不是自然。正常是不正确教育的结果，这种教育在不知不觉中降低了我们的创造力。在任何年龄段，你的创造力都应该是上升的。《思维导图使用手册》将在你的余生中提升你的创造力和各个方面的脑力。

如何使用本书

读完本书之后，你可以更深入地了解大脑的工作方式。你还将学会如何增强记忆力，如何最大限度地发挥大脑的作用，如何有效地创作思维导图，如何高效快速地阅读，如何最有效地学习和工作。

本书被分为几个易于操作的部分，每个部分又由几个便于理解的章节组成。

第一部分带领你进入你的大脑，以简单有趣的方式，向你介绍大脑功能的各个方面。本部分探讨了智力和智商、多元智力的概念，还讲述了大脑获取智力的方式，以及你是如何通过“心眼”来了解世界的。本部分还解释了自然的学习方式和传统学习方式的冲突。在学习任何科目之前，如果你想学会如何学习，了解这一点是非常重要的。

第二部分介绍了学习所应具备的核心能力：记忆力和创造力。本部分探讨了大脑是如何记忆、学习和理解的，还讲解了在学习期间和学习后你是如何回忆的。另外，本部分还介绍了几种重要的记忆技巧，还附有记忆测验。

第三部分重点介绍了提升脑力所需要掌握的“思维工具”，包括终极思维工具——思维导图。思维导图被称为“大脑的瑞士军刀”，挖掘了大脑思维的自然倾向：图像、色彩和呈发散性网络式思维，而不是以线性的方式进行关联。

探讨了思维的内部“地图”，了解了你的思维方式之后，你将学会如何应用这些知识，学会把语言、词语、图像和思维导图应用到记录、组织、记忆、创造性思维及解决问题之中。

解决了以上问题之后，本书将向你详细讲述如何准备和创作思维导图。此后，你将学习到快速阅读的技巧——这一技能将大大地提高你的阅读速度，并将同时提高你的理解力。

管理信息是很重要的一项学习技能和商务技能。本书将向你介绍全新的博赞有机学习技巧（BOST®）。它对于你学习任何学科都有帮助，而且还可以帮助你学习、分析、优化和演示信息。最后一章阐述了在“智能时代”我们在理解大脑和应用大脑方面的进展。

在本书的每一阶段都配有许多练习和建议，以供读者深入学习之用。通过操练，你将有机会拓展你的思维和训练你的大脑。

在书后，附有一个全面的网上资源介绍，以供读者参考。

《思维导图使用手册》一书的目的是帮助你拓展自我，尤其是在阅读、笔记和学习领域拓展自我，但你也会发现它可以有更广泛的应用范围。通过学习和应用《思维导图使用手册》一书所讲解的知识，你可以不断加深对自我的认识，并形成自己的思维方式。看完本书并复习之后，你不妨从头至尾再浏览一遍，看看这些知识还能用于你生活中的哪些其他领域。

记住，我们每个人的学习能力是有差异的，但最终都将以最适合自己的学习速度取得进步。因此，要与自己进行比较来衡量自己的进步，而不要与他人进行比较。所以，你也应该制订出自己的训练和学习计划，并尽可能地严格执行。

那么，就让我们踏上这个创新学习和创新思维的旅程，发掘你的大脑潜能，帮助你“启动大脑”吧！

你的大脑有着**复杂**和**完美**的构造，还有**巨大的智能**和**情感能量**。

——东尼·博赞

第一部分

认识你的大脑

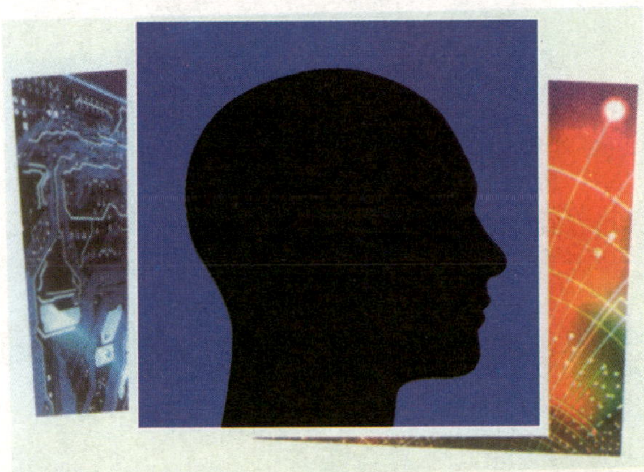

毫无疑问，大脑所能够从事的工作要远远比我们所想象的复杂。

第一部分主要讲解有关大脑研究的最新发现，并阐明我们在许多领域都可以实现自我价值并取得良好的表现。

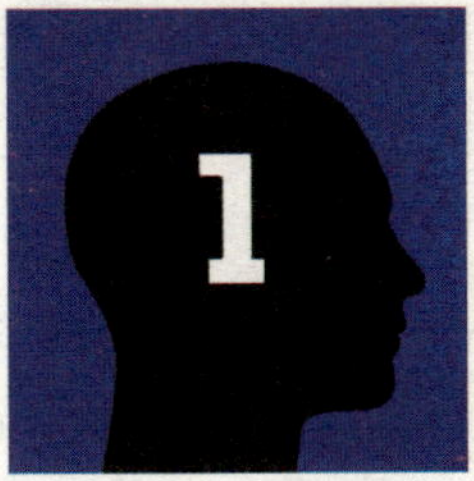

你的大脑比想象得棒多了

在你吃一个梨、嗅闻一束鲜花、聆听一首乐曲、观看一条河流、抚摩你的爱人或只是记起了什么事时，你的大脑里会发生什么变化？

对于这个问题的回答说简单也简单，说复杂也复杂。

进入大脑的每一条信息——情感、回忆、想法（包括每个词语、数字、编码、养料、香水、线条、颜色、图像、脉动、音符、纹理）——都可以用四周散发着数十、数百、数千、数万个钩子的中央球体代表。每个钩子代表一个联想，每个联想都有无限个连接。你已经使用到的联想可以被视为你的记忆、数据库或图书馆。可以肯定，在你阅读本页书的大脑中存在着一个数据管理系统，它使得世界上速度最快的超级计算机的分析和存储能力相形见绌。

因此，大脑的思维结构可以被看成一个巨大的分支联想机器（BAM）——一台超级生物计算机，其中思维从无数个数据结点发散出来。这一结构反映了你的神经网络，是你大脑的物理构造。事实上，单个神经细胞可以生成 10^{28} 个连接，而你现有的数据库正是建立在这样一个事实的基础上的。

只是在最近几年，科学家们才发现了大脑的真正潜力。通过了解你的大脑，你可以发现自己思维的独特能力，并且发现“我们只是普通人”是一句很了不起的话（参见第 3 章），而远远不是承认失败。

要想充分利用我们的独特能力，我们必须知道我们的大脑是如何工作的。

大脑的真正潜力——你的思维的独特性

自从我为《思维导图使用手册》第一版撰写有关大脑的第1章以来，人们在这一领域的研究已经取得了突破性的新进展，有了很多令人激动的新发现。那时，我曾经说过，“只是在过去的150年当中，这个领域的研究才有了长足的发展”。现在，我应该说，只是在最近的30年间，关于这方面的知识才骤然增多。相对于地球上出现生命已有450万年的历史，这个时间可真是太晚了。可是，我们得记住，人类知道自己大脑的位置不过才500年的时间。

从某种程度上说，这一点也不令人吃惊。我们可以假设，你丝毫也不知道到哪里去找自己的大脑，而一个朋友问你：“你的感觉、情感、思想、记忆、需求和欲望的中心在什么位置？”你可能会跟其他人（包括亚里士多德在内）一样有理由推断说，你的大脑在心脏和胃部，因为你常常就是在这些地方直接体验到精神活动的生理表现的，而且非常明显。

即使现在，神经科学家可以利用CAT扫描和电子显微镜，探索曾经追寻过的最难以把握的跟踪目标，但我们还是得承认，我们今天已经获取的有关大脑的全部知识，可能还不到必须掌握的知识的1%。正当某些试验似乎要向我们证明，大脑是按既定的方式工作时，另一种试验，或者出现了另外一些人，却可以推翻上述结论，以至于我们不得不重新修订整个理论的框架。

这在记忆领域体现得最为充分。例如，在1991年举办第一届世界记忆力锦标赛时，一个优秀的参赛者大概需要5分钟才能准确地记住并回忆起一副洗好的扑克牌。当多米尼克·奥布赖恩（Dominic O’Brien）以2分钟29秒的成绩打破这个纪录之后，专家们立即声称这几乎达到了人类能力的极限。15 年之后，回忆一副洗好的扑克牌被人在大约 30 秒钟内完成了。然后，在 2010 年，中国记忆冠军王峰用 24.22秒超越了这一脑力障碍。他的成绩在很大程度上把人类大脑能力的边界向后推移了。

再举几个例子，可以更清楚地说明这一点。大部分更具科学性质的学科，尽管其研究方向明显不同，现在都被一个旋涡深深吸引，而旋涡的中心就是大脑。化学家们的研究现在已经涉及存在于大脑中并相互作用的一些复杂的化学结构；生物学家试图揭示大脑的生物功能；物理学家们正试图在遥远太空的最深处找到一些与大脑类似的物质；心理学家们想彻底把大脑搞清楚，但却发现实现这种想法就像把一滴水银放在手指上一样困难；为复杂的计算机甚至这个宇宙本身建立了模型的数学家们，面对每天在我们的大脑中有条不紊地进行着的运算却束手无策——他们无法用公式来说明这种大脑的活动。

因此，我们目前努力工作所获得的成果就是：我们已经知道，我们的大脑远比以前想象的精妙得多，其潜力也大得多。颇具讽刺意味的是，任何人的所谓“正常”的大脑，其能力和潜力远比以前我们所认识到的要强大得多。

现在，我给大家讲述一个经典的带有传奇色彩的故事，以阐明思维的无限可能性。

成功案例：一个不可能的梦想
——爱德华·休斯的故事

1974 年《思维导图使用手册》一书出版之后，一个“相当一般、各科成绩都为中等水平”的 15 岁学生，于 1982 年参加了“普通”水准考试。考试结果与大家预料的一样，不是“B”就是“C”，跟平常没什么两样。他感到很沮丧，因为他一心想进剑桥大学深造，并且深知，再这样下去，就没有任何希望了。

这个学生就是爱德华·休斯。

不久之后，他的父亲乔治把《思维导图使用手册》一书推荐给了他，并教给他如何绘制思维导图、学习及进行研究的方法，于是爱德华满怀信心、干劲十足地回到学校。他宣布，今后每门课的成绩都要得“A”，并且一定要进入剑桥大学。

可想而知，老师们的反应虽各不相同，但都感到他的想法不可思议。一位老师说道：“别胡闹了，小伙子！那根本不可能，以你的成绩，恐怕连剑桥大学的边也沾不上！”另一位老师说：“别傻了，你顶多能得一个‘B’，多半只能得‘C’。”而爱德华说，他不仅要参加剑桥大学的入学考试，而且还要写申请奖学金的论文。老师面无表情地说：“不，你去参加考试只会浪费学校的钱和你自己的时间。因为入学考试非常非常难，你根本过不了关。连我们选出来的尖子生能过关的也不多。”在爱德华的坚持下，学校同意让他去参加考试，但为了不“浪费学校的钱”，他必须自己支付一笔数目不小的考试费。

与此同时，第三位老师说他教这门课已经有 12 年了，是这方面的专家。他深信爱德华在这一学科只能得“B”或“C”。这位老师还提到了比爱德华的成绩好得多的“另一个学生”的名字，并且坚持说爱德华不可能超过他。爱德华则说：“我不同意他的看法！”第四位老师笑着说，他相当钦佩爱德华的雄心壮志，但他认为爱德华的梦想理论上是可行的，而实际上却不可能。因为他认为爱德华再怎么努力也只能得个“B”。但他说他一直都喜欢有进取心的人，因此，他祝爱德华好运。

“我一定要得 A”

对老师和任何怀疑他志向的人，爱德华最后的回答总是很简单：

“我一定要得A。”

开始时，学校并没有打算把爱德华推荐给剑桥，在同意推荐之后不久，又知会剑桥各学院，说校方对这名特殊学生能进入剑桥并不抱什么希望。随后是学院的面试。在这些面试中，剑桥的学监把学校对他的看法告诉了爱德华，并且说他也同意学校的看法，认为爱德华考取的可能性很小。尽管他很欣赏爱德华的进取心，但他告诉爱德华，他至少需要两个“B”和一个“A”，如果有两个“A”、一个“B”或三个“A”，那就更好了，并祝他走运。

爱德华并不气馁，继续执行“启动大脑”的计划并积极锻炼身体。用他自己的话来说：

考试越来越近，我把两年来的学习笔记进行了小结，并把它们制成了思维导图。然后把思维导图涂上颜色，突出重点，并为每门课制作了一幅巨大的大师级思维导图，而且有时还为每门课程的各主要章节制作了思维导图。通过这种方式，我就能弄清楚一些更详细的内容是在何处、以何种方式组合起来的。此外，对课程本身也有更好的整体认识。这样，我就能以十分精确的回忆“蜻蜓点水”般地在该门课程的各章节之间穿行。

我坚持每周复习一次思维导图，越临近考试越有规律。我试着不看书或其他任何笔记来练习我的回忆思维导图，即根据我的记忆简要地画出各门课程的知识以及我的理解，再将这些思维导图与我的大师级思维导图进行对照，找出其中的差别。

我还阅读了所有重要的著作，并从中筛选出少数几本特别重要的书，然后深入地阅读，将其制作成思维导图，从而优化我的理解力和记忆力。此外，我还研究优秀文章的写作风格和组织脉络，并以自己的思维导图为基础来练习短文和写作考试。

能完成这些学习任务全靠我一直注意锻炼身体。每周跑步2~3次，每次2~3英里，多呼吸新鲜空气，做俯卧撑、仰卧起坐，还经常到健身房锻炼。我的身体状况越来越好。我发现好的体魄使我的注意力格外集中。俗话说："有健康的身体才能有健康的大脑，有健康的大脑，才会有更健康的身体。"我对自己的感觉越来越好，对我的功课也越来越满意。

入学考试及结果

爱德华最终参加了4门考试：地理、地理学奖学金论文、中世纪史和商务研究。其最终成绩如下：

课程	分数	等级
地理	A	顶尖学生
地理学奖学金论文	优秀	顶尖学生
中世纪史	A	顶尖学生
商务研究	A 和两个优秀	顶尖学生

成绩揭晓不到一天，爱德华在剑桥首选的学院就接受了他的入学申请，并准许他在开始大学生涯之前"休学"一年，先到世界各地游历一番。

剑桥岁月

在体育运动方面，爱德华很快就成功地加入了学院的足球、网球和壁球队。

在学生社团活动中，他也许可以被称为"过于有成就者"。因为他除了成立"青年企业家协会"这一欧洲同类社团中规模最大的组织之外（参见图1.1），还应邀担任了"全优协会"——一个拥有3600名会员的慈善团体的会长。在他的领导下，会员增至4500人，并成为该校有史以来最大的社团。鉴于爱德华在这两个社团中的杰出表现，其他社团领导人请求爱德华组建并领导一个"会长协会"。他果真成立了这样一个协会，并成为"会长俱乐部"的主席！

图 1.1　爱德华·休斯的剑桥岁月，他在这里创立了“青年企业家协会”

在学业上，他首先研究了“普通学生”的学习习惯并总结说：

他们往往花费 12~13 个小时去阅读一篇文章，用线性的方法记录一切信息，并阅读所有可能与之相关的书籍。此后，他们再花费 3~4 个小时去写文章（有些学生实际上要重写，因而有时要花费整整一周的时间在一篇文章的写作上）。

根据在入学考试中的准备及考试经验，爱德华决定每周用 5 天、每天 2~3 个小时的时间学习。

“在这两三个小时的时间内，我去听一堂重要讲座，然后用思维导图的方式把各种有关信息进行归纳总结。我给自己定下一个目标，一旦选定某些论文，我就把我对这一主题所知道的一切或认为与之有关的内容做成思维导图。然后再把它放几天，在心中反复思考，然后快速、分门别类地阅读相关的书籍，并将书中的有关信息做成思维导图。然后我会休息一下或锻炼一下身体，再回来就论文本身做一幅思维导图。做好论文梗概之后，再休息一下，然后坐下来，在 45 分钟的时间内完成论文。用这种方法，我常常得高分。”

在剑桥的期末考试之前，爱德华拟订了一份与当初准备得“A”时同样的考试计划后参加了6科的期末考试。

结果

第一门考试，他只得了个“及格”——通常情况下“及格”的成绩只能算一般，但在这里却要算“优”，因为参加考试者有一半没有过关，而且没有人得“优”。第二、三、四门课他的成绩都是双优。在期末考试中得双优，这不只是第一流的成绩，而是超一流的，因为这是该校给这些科目的最高分。

毕业之后，立即有一家跨国企业聘请爱德华担任战略顾问。据剑桥大学说，这是该校本科毕业生所获得的最好职位。就像爱德华所总结的那样：

> 剑桥是一个神奇的地方，我非常幸运地从那儿获得了很多东西——一大群朋友、许多经验、丰富多彩的体育活动、对学术的浓厚兴趣、成功的体验，以及3年绝对快乐的生活。其实，我与他人的主要差别仅在于我知道如何思考、如何使用我的大脑。在我知道如何得“A”之前，我也总是得“B”或“C”。我成功了，别人也一样能成功。

今天的爱德华·休斯

从剑桥大学毕业之后，爱德华在伦敦工作了两年，然后他申请去读商学院。他申请的是当时世界顶级的哈佛大学和斯坦福大学的工商管理硕士，而且被两所大学都录取了，但鉴于哈佛大学的国际声誉，他最终选择了哈佛大学。

在哈佛大学就读期间，他仍然积极从事社团活动和体育运动，同时他的学业也非常突出。他是一名贝克学者（Baker Scholar）——哈佛商学院授予5%的优等生的荣誉称号。

从哈佛大学毕业之后，他开创了自己非常成功的事业，曾经出任多家公司的首席执行官。他的妻子是澳大利亚人，曾经是一名职业壁球选手。他们有两个漂亮的孩子。他们住在加州的圣迭戈，一个常被认为是世界上气候最宜人的地方。爱德华现在是一家纳米技术公司的首席执行官，是“青年总裁组织”的会员和多家慈善基金会的董事（参见图 1.2）。他仍然积极从事体育运动，是一名零差点高尔夫球选手。

图 1.2　今天的爱德华·休斯

直到今天，他一直在使用思维导图和他从《思维导图使用手册》一书中学到的学习技巧。他尤其高兴的是，他的孩子在学校也可以学习使用思维导图，他希望他们的老师思想能够更加开放，能够比他当年的老师更能意识到学生们无限的潜力。

走进你的大脑

你的大脑78%是水分，10%是脂肪，大约8%是蛋白质，重约1.5千克，看上去就像核桃。它大概占你总体重的2%，但却消耗你20%的卡路里。你思考得越多，你所燃烧的卡路里就越多。

2.1　大脑皮层

大脑皮层被分为两个部分——左半球和右半球，占大脑总重量的80%。这两个半球由2.5亿条神经纤维组成的“电缆”（胼胝体）连接。它确保了两个半球之间的高效交流。事实上，任何人类活动都需要两个大脑半球之间的紧密合作。大脑表面覆盖着薄薄的皮层，由神经细胞组成。皮层的厚度不超过人类的三根头发丝，但人类的许多活动都是大脑在这里加工完成的，例如思考、记忆、言语和肌肉运动。

从你出生的那一刻起，两个大脑半球就开始了自己的专门化，各自负责不同的任务。这叫做大脑的偏侧化。

2.2　不止一个大脑

神经科学研究表明，这种任务的划分对于每个个体都是不一样的，但对于大多数人来说存在着一些共同的特征。

20世纪60年代末至70年代初，加利福尼亚的实验室开创了改变人类对大脑评价的历史性研究。这项研究最终使加利福尼亚理工学院的罗杰·斯佩里（Roger Sperry）获得了诺贝尔奖，罗伯特·奥恩斯坦（Robert Ornstein）也因为他在脑波和脑功能定位方面的研究而蜚声国际。这项工作在20世纪80年代由厄兰·柴德尔（Eran Zaidel）和其他人继续进行。

总的来说，斯佩里和奥恩斯坦发现，大脑的两个半球分别管理着不同类型的精神活动。这两个大脑半球，或两个皮层，是由极其复杂的神经纤维网络（胼胝体）连接起来的。

大多数人的左脑处理逻辑、词语、表单、数字、线性和分析等所谓的“学术”活动。当左脑进行这些活动时，右脑更多地处于“阿尔法波”状态，或者说休息状态，随时准备协助左脑。右脑主要处理节奏、想象、色彩、幻想、空间感、完整倾向（整体观念）和维度。

后来的研究表明，当人们受到鼓励去开发他们以前认为很弱的思维领域时，这种开发不但没有削弱其他领域，反而好像产生了一种协同效应，使所有领域的智力水平都随之提高了。

然而，乍看起来，历史好像要否定这些发现，因为大多数“杰出头脑”的发展都是不平衡的：爱因斯坦和其他伟大科学家的“左脑”都好像特别发达，而毕加索、塞尚和其他伟大的画家及作曲家都好像是右脑特别发达。然而，更深入的研究揭示了一些非常有趣的事实：爱因斯坦在上学的时候，法语考试不及格，但他在小提琴、绘画、帆船驾驶和想象游戏等方面表现非常突出。

爱因斯坦把自己许多重大的科学发现归功于他的那些想象游戏。有一年夏天，他在一个小山上做起了白日梦，想象自己骑着太阳的光束直奔宇宙遥远的极端而去，但当发现自己很“不合逻辑”地返回到太阳的表面时，他意识到，宇宙一定是弯曲的，而且认为，他之前“合乎逻辑”的训练是不完善的。他围绕这个梦境写出了许多数字、方程式和词语，于是就产生了相对论——左脑和右脑共同发挥作用的产物。

与其相似，伟大的艺术家们都更像是拥有“全脑”的人。他们日记本上记录的不是醉醺醺的酒会，也不是随便涂上一层颜料就能创造出杰作，而我们发现的是类似下面的条目：

> 早上六点钟起床。开始了最新系列的六号作品创作的第十七天。把四份橙色与两份黄色混合起来，然后涂在画布的左上角，使其与右下角的螺旋结构形成视觉对照，从而在观察者的眼中产生预期的调和。

这些生动的例子说明，左脑参与了大量我们一般认为是右脑所做的事情。

斯佩里和奥恩斯坦的研究结果，以及越来越多有关全面发展的实验数据和令人信服的历史事实表明许多“杰出头脑”的确是使用他们的两个半脑工作的。除此之外，在过去的一千年间，有一个人绝妙地证明了两个半脑协同发展可以做出什么样的成就，那就是列奥纳多·达·芬奇。

2.3 另一个达·芬奇密码

在达·芬奇的时代，有足够的证据表明他在下列每一个领域当中都是最有成就的人：艺术、雕刻、生理学、普通科学、建筑、机械学、解剖学、物理学、发明、天文学、地质学、工程学及航空学。在欧洲的宫廷，随便扔给他一把弦乐器，他就可以即兴作曲、演奏，并且自然而优雅地演唱。

他并没有把这些不同领域的潜能分开来，反而把它们合并到一起使用。他的科学笔记里满是三维的草图和图像。同样令人感兴趣的是，他的画作最终常常看起来像是建筑草图，包含有直线、拐角、曲线和数字，融合了数学、逻辑和精密测量等元素。

如此看来，当我们说自己某些方面行、某些方面不行时，我们实际是指已经很成功地开发出来的潜力和尚未被开发出来、仍然处在蛰伏状态的潜力。如果能适当地培育一下蛰伏状态下的潜力，它将发挥巨大的作用。

图 2.1 显示了两个大脑半球各自所主要负责处理的进程。

有关左脑和右脑功能上的一些发现，更多地支持了我们在记忆方法、笔记、人际沟通及高级思维导图方面所要做的工作，因为它们都需要两个大脑半球的协同工作。

2.4 大脑的“超高速公路”

你的大脑里至少有 1 万亿个神经原或神经细胞（参见图 2.2）——这大约相当于银河系星球的数量！如果考虑到每个神经原都以多种方式与 1 万 ~ 10 万个其他神经原互动的话，这个数字就更令人震惊了。

神经原是专门传输电信号的神经细胞。神经原不是独立工作的，而是相互连接在一起组成回路，从而向身体的各个区域都传输感觉信号和运动信号。

神经原有三个组成部分：一个细胞体、一个轴突和许多树突。树突的作用是接收信息和与其他神经原联络，从而传输电脉冲。轴突是延伸自细胞体的纤维状突起。轴突表面覆盖着一层髓磷脂。轴突负责把信号从一个神经原传送到其他神经原。许多神经原都有许多树突和一个轴突。

神经原利用自己高度专业的结构传送和接收信号。每个神经原都从成千上万个其他神经原接收信息，也向成千上万个其他神经原发送信息。神经传递使得信息从一个神经原传向另一个神经原。这一间接的过程发生在神经末梢和下一个神经细胞的树突之间的空间。这个空间被称为“突触间隙”或突触。两个神经原之间的连接被称为“突触连接”。

图 2.1　左脑与右脑负责处理不同进程的思维导图

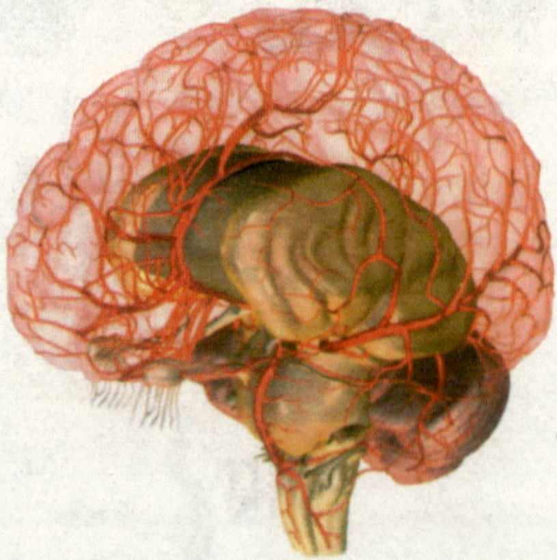

图 2.2　人类的大脑

2.5　突触连接：脑力事件

这一切与学习、思考和记忆有什么关系呢？人类早已证明，与具体数据有联系的突触连接的数量决定着数据记忆的质量。也就是说，记忆事情时同时发生的连接越多，之后回忆起来的可能性就越大。

每当你有一个想法时，沿着携带此想法的通道的生化/电磁阻力就会被降低。这就像在森林里清理出一条道路。第一次会非常艰辛，因为你需要在茂密的矮树丛中开辟出自己的道路。有了这一次的清理，第二次你再走这条路时就会变得比较容易。你在这条道路上走的次数越多，阻力就会越少。重复多次之后，你将会有一条宽阔、平坦的道路，不再需要你做什么清理的工作。大脑中发生的事情与此类似：一个想法的模式被重复得越多，遇到的阻力就会越少。另外，重复本身也会增加重复的可能性——这一点也很重要。换句话说，一个“脑力事件”发生的次数越多，它就越有可能再次发生。

2.6 大脑"灰质细胞"之间的联系

1973 年，我撰写《思维导图使用手册》一书的初版时，有人估计说，脑细胞的排列数可能多达 1 后面接 800 个零。为了体会这个数字究竟有多大，我们可以拿它与有关宇宙的一项数学事实相比：宇宙中最小的东西是原子（参见图 2.3）。

图 2.3 原子——已知的最小实体之一。你的指尖就有数十亿个原子，宇宙中原子的数量是 10 后面接 100 个零

我们所知道的最大的东西就是宇宙（参见图 2.4）。

已知宇宙里的原子数量可想而知是一个非常庞大的数字——10 后面接 100 个零（参见图 2.5）。而一个大脑里面可能产生的思想图谱的数量却使这个数字相形见绌了（参见图 2.6）。

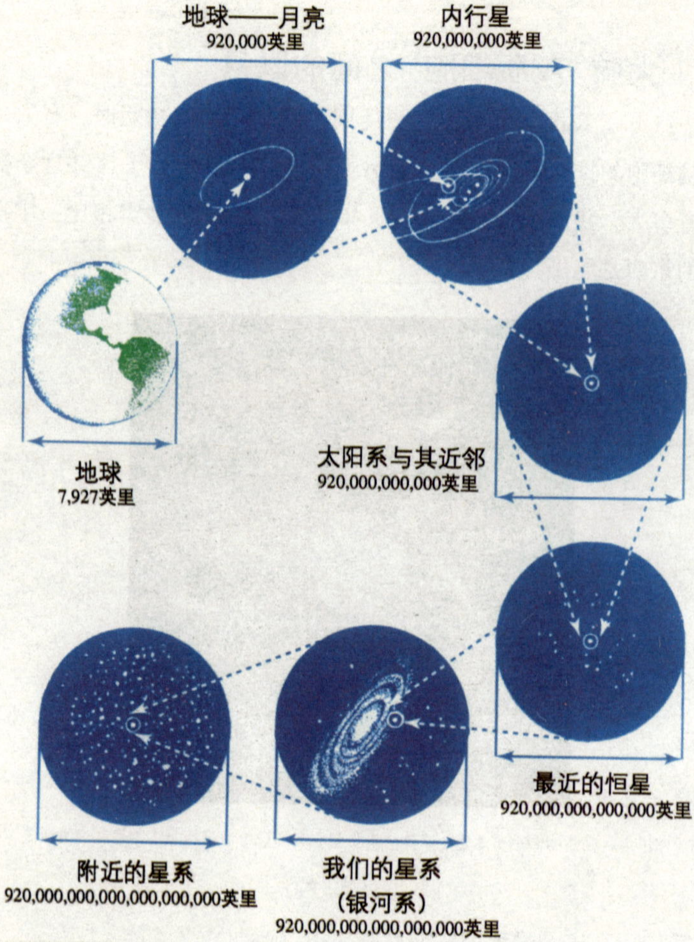

图 2.4　已知宇宙惊人的体积，每个星球都比前一个星球大 10 亿倍(1,000,000,000)

10,000,000,000,000,000,000,000,000,000,000,000,000,000,000,000,000,000,000,000,000,000,000,000,000,000,000,000,000,000,000,000,000,000,000,000,000,0

图 2.5　已知宇宙里的原子数量——人类所知最大物体中所包含的最小颗粒

1,000,000,000,000,000,000,000,000,000,000,000,000,000,000,
000,000,000,000,000,000,000,000,000,000,000,000,000,000,
000,000,000,000,000,000,000,000,000,000,000,000,000,000,
000,000,000,000,000,000,000,000,000,000,000,000,000,000,
000,000,000,000,000,000,000,000,000,000,000,000,000,000,
000,000,000,000,000,000,000,000,000,000,000,000,000,000,
000,000,000,000,000,000,000,000,000,000,000,000,000,000,
000,000,000,000,000,000,000,000,000,000,000,000,000,000,
000,000,000,000,000,000,000,000,000,000,000,000,000,000,
000,000,000,000,000,000,000,000,000,000,000,000,000,000,
000,000,000,000,000,000,000,000,000,000,000,000,000,000,
000,000,000,000,000,000,000,000,000,000,000,000,000,000,
000,000,000,000,000,000,000,000,000,000,000,000,000,000,
000,000,000,000,000,000,000,000,000,000,000,000,000,000,
000,000,000,000,000,000,000,000,000,000,000,000,000,000,
000,000,000,000,000,000,000,000,000,000,000,000,000,000,
000,000,000,000,000,000,000,000,000,000,000,000,000,000,
000,000,000,000,000,000,000,000,000,000,000,000,000,000,
000,000,000,000,000,000,000,000,000,000,000,000,000,000,
000,00

图 2.6　20 世纪 60 年代末，有人计算出，大脑的 1 万亿个神经细胞所能形成的不同模式的数量为 1 后面接 800 个零。但最近的估计显示，连这个数字也太小了

《思维导图使用手册》第一版发表后不久，莫斯科大学的皮奥特尔·阿诺欣（Pyotr Anokhin）博士终其一生的最后几年专门研究大脑的信息处理能力，他声称 1 后面接 800 个零这个数字是大大的低估。他所计算出来的新数字是相当保守的，因为我们目前的测量仪器与大脑难以估量的精密度比较起来实在是太笨重了。他所提出的数字不是

1 后面接 800 个零。阿诺欣博士说：

> 大脑能够生成模式的能力或者“自由的程度”是如此之大，如果按照正常的书写字体的大小来写出这一排数字，其长度将达到1050万公里！有了这么多的可能性，大脑就成了一个键盘，成千上万首乐曲——行动或智力行为——都可以被演奏出来。现在还没有，也从来没有一个几乎用尽了大脑能力的人。我们认为大脑的能力是无限的。

《思维导图使用手册》一书的写作目的就是要帮助你在大脑这个能力无限的键盘上演奏出最美妙的乐章。

2.7 感知模型：眼睛，大脑，相机

我们首先考虑一下“眼睛/大脑/相机”这个体系。就在 60 年前，相机为我们的感知和大脑成像提供了一个模型——相机的镜头相当于人眼的晶状体，感光板相当于人的大脑。这种看法持续了相当长的一段时间，但论据很不充分。通过做下面的练习，你就可以验证这种看法的不足之处。

按照一般人日常做白日梦的样子，闭上眼睛，想象你最喜欢的物体。清楚地把它的形象记在你的内心之后，再做下面的活动：

- 在面前转动它；
- 从顶端看它；
- 从底端看它；
- 改变它的颜色，至少改变 3 次；
- 把它移开，就好像在很远处看它一样；
- 再把它移回来；
- 把它变得极大；
- 把它变得极小；
- 完全改变它的形状；
- 让它消失；

• 再把它拿出来。

你应该能够轻松完成这些活动。但是，相机的零件却完全无法做到这点（参见图 2.7）。

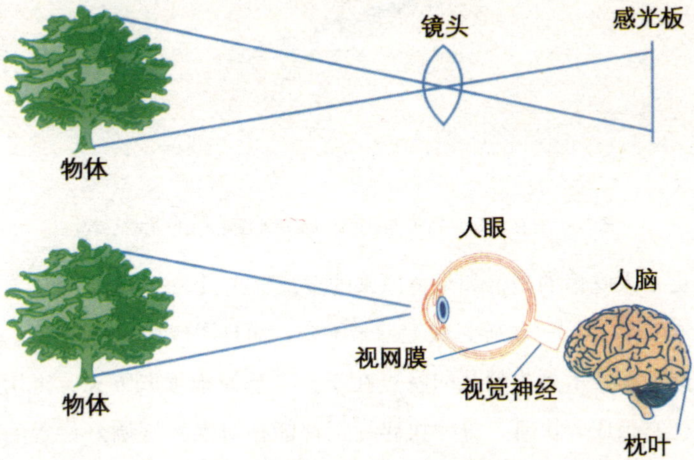

图 2.7　跟人类早先的想法不一样，大脑工作的方式比相机要复杂得多

2.8　大脑的全息摄影模型

近来，更为精准的技术的发展，有幸为我们提供了一个好得多的模拟大脑工作方式的模型——全息摄影。

全息摄影是将一束非常集中的光束或者激光束分裂成两部分。光束的一半对准感光板，另一半从图像上折回来后再朝向另一半光束。特殊的全息感光板可记录两束光相遇时光线撒在里面的数百万个片段。将激光束调出一个特别的角度来，再把感光板调到对准激光束的位置，原来的图像就重新显示出来了。令人惊奇的是，重现出来的图像并不是在感光板上所显示出的一张平面图像，而是一个悬在空中的具有三维效果、影像重叠的物体。从上面、下面或者侧面看这个物体，其效果与真实物体从各个角度看上去一模一样（参见图 2.8）。

图 2.8 全息摄影是一个比相机更适合反映大脑复杂工作方式的模型

更令人吃惊的是，如果将原来的全息感光板转过 90°，可以有多达 90 个的图像在同一块感光板上记录下来，而且图像之间互不干扰。

这项新技术更为超凡的特点在于，当感光板被取下来，再用一把锤子把它敲成碎块时，每一块碎片上都能在对准特别调好位置的激光束时显现出一个完整的三维且重叠的影像。

全息摄影因而也就成了比相机更为合理的模拟大脑工作方式的模型。它还让我们意识到，我们身上有着一个多么复杂、精巧的器官。

可是，就连这样极度精密的技术，都远远比不上大脑的特殊能力。全息摄影当然更靠近人类想象力的三维本质，可是，跟大脑比较起来，它的存储能力是微不足道的，因为大脑可以随意地在任何瞬间调用成百上千的图像资料。况且全息摄影还是静态的，它不能按指令执行任务，如上节所列出的那些活动，虽然它们牵涉到复杂得无法想象的机械原理，可大脑做起来却不费吹灰之力。就算全息摄影能够做到这些，它也不能够像大脑那样看见自己——而我们只要闭上眼睛就能完成这一任务！

智商与天生聪慧

基于语言和数学推理的传统的智商测验大约已经有 100 年的历史了。传统的智商测验是由法国的理论学家阿尔弗雷德·比奈（Alfred Binet）在 19 世纪末所设计的。他所提出来的智力量表，最初是为确定有特殊需要的孩子而设计的。支持传统智商测验的人认为，这种测验可以测量我们的“绝对”智力。然而，智商分数很容易受到哪怕是一丁点的诱导而发生重大改变；除此之外，还有一些其他证据表明，这种测验不能测量出我们的“绝对”智力。

首先，“伯克利创造力研究”显示，一位智商分数高的人，不一定就思想独立、行为独立、具有幽默感或者能够欣赏幽默、具有审美能力、通情达理、能客观看待问题、能够欣赏复杂而新颖的事物、富有创造力、表达流利、灵活且精明强干。

其次，那些认为智商测验可以测量人类全部能力的人，没有考虑到这种测试所应涉及的三个主要方面：（1）被测试的大脑；（2）测试本身；（3）测试结果。很不幸，提倡智商检测的人对于测试和结果太过专注了，却忽视了被测试大脑的真正本质。

他们没有意识到，这些测验并没有测试一个人全部的基本能力。传统的智商测验基于这样的一个假设：当他们对没有经过培训和开发的人类行为进行测试时，他们认为语言能力和数学能力是衡量智力的真正标志。他们的断言，就像一个测量员臆断过去东方女人裹着的小脚的大小一样。这些女人的脚在出生后不久就被裹脚布缠起来，直到她们几乎完全发育成熟。这样做的目的是要阻止脚的生长，以弄出“三寸金莲”来。

然而，正如这些测量员做过的事情一样，认为“三寸金莲”反映的是自然状态下完全发育的脚的大小，这显然是十分荒谬的。同样，认为标准的智力测验可以测量大脑的自然能力，也一样是荒诞的。我们的大脑，就跟那些女人的脚一样，由于错误判断和训练不当的原因而受到了“束缚”，并没有得到完全的发展。

然而，有趣的一点是，智商测验最初开发的目的并非像人们经常想象的那样，是用于“压迫大众”的一种方法。相反，法国心理学家阿尔弗雷德·比奈评论说，能够接受高等教育的孩子几乎毫无例外都来自上层社会。他认为这不公平，因而设计了第一个智商测验，以便让智力正常发育的每个孩子都能有资格继续接受教育。正是由于他所设计的这些测试，那些本来有可能被剥夺高等教育权利的孩子，获取了很多就学的机会。

我们可以把智商测验看成游戏，或者在几个专门的领域里，作为目前智力发展程度的“标记”。这样的话，它们既可以用来评估这些领域目前的发展情况，也可以作为一个智力发展的基础，在这个基础上进一步加以改善和开发，从而使智商适当地得到提高。

3.1 多层面的思维——多元智力

虽然语言、数学运算和空间推理能力测试对于衡量总体智力很重要，但是它们没有阐释智力行为的其他方面，例如创造力、人际交往能力及一般知识技能。我们从下面这个案例中可以明显看出这一点。

成功案例：什么是聪明？东尼和巴利的故事

故事发生在我 7 岁的时候。当时，我正在肯特郡惠茨特布尔的一个海边渔村上小学一年级。

巴利是我那时最要好的朋友。我们那时的主要兴趣就是大自然——学习、采集、养护各种各样的生物。我们的家就像小动物园！

放学后，我和巴利就冲向田野、堤坝、树林，去追寻我们的兴趣。

巴利对大自然非常敏感。通过蝴蝶或鸟类飞向地平线的飞行方式，他能辨别出是哪种蝴蝶或哪种鸟。他能够滔滔不绝地说出很多种类，而我只会说“……嗯……菜粉蝶……麻雀……”，到那时，它们早已飞得无影无踪了！

学年一开始，老师说我们要被分到不同的班级——1a、1b、1c、1d，并且告诉我们无论分到哪一班都没有什么差别。而我们立即就意识到，1a 班是“聪明的学生”，而 1d 班是“笨学生”。

我被分在了 1a 班，而我的好朋友巴利被分在了 1d 班。我们没有过多地谈论或想这件事——事情通常都是这样。

在 1a 班，我们又被进行了细分。根据最新的测验结果，依据最新的排名情况，我们必须站起来，按照分数从高到低的顺序调整我们的座位。得分最高者坐到最后一排最右边的座位，得分第二高者紧挨着他坐，呈蛇形向前排列，得分最低者坐到最前一排最右边的位置。

小东尼·博赞坐在什么地方呢？

从来没有坐过第一个座位，也从来没有坐过第二个座位。那两个座位从来都是“预留”给马默里（Mummery）和艾普斯（Epps）或艾普斯和马默里的！我始终在其后的某个位置。

一天，我们 1a 班的老师问了一些非常无聊的问题，例如：“你能说出生长在英国河流里的两种鱼吗？”（总共有 100 多种）；“昆虫与蜘蛛有什么不同?”(有15处不同);“蝴蝶与蛾有什么不同?”(也有15处不同)。

若干天之后，鳕鱼老师非常自豪地向全班同学宣布说：“有人在测验中得了100分!”我们每个人都看着马默里和艾普斯，看看他们谁又得了100分。

令我们吃惊的是，他喊出了“博赞”！我很震惊，因为我知道他弄错了——在每次测验中，我都知道，我要么是回答不出某些问题，要么就是肯定写错至少一个答案。我不可能全部回答正确。

我们不得不照常换座位，而且我在人生的第一次坐到了最后一排最右边的位置，等待被揭发！然而，我第一次很愉悦地看到了马默里和艾普斯的真正形象!

鳕鱼老师把试卷发了下来。令我惊讶的是，发给我的试卷上写着“100”、“满分”、“做得好，孩子，加油”，还有，在试卷的顶端用我的笔迹写着我的名字。

我浏览了一下试卷，很快就意识到，这些答案是我随便写下来的，为的是回答鳕鱼老师之前问我们的那些无聊的问题。我当时的反应是，“那不是测试——我本可以说出50种不同的鱼类、昆虫和蜘蛛的15个不同之处，以及蝴蝶和蛾的15个不同之处!”我立刻被搞糊涂了。

我逐渐明白了过来，那是一次测试，而且也弄明白了，马默里和艾普斯之所以在以前的测试中能得高分，是因为他们熟知自己的科目，就像我了解大自然一样。

于是我得了第一名！感觉真好……

这一成就感和幸福感仅仅持续了很短一段时间，但我认识到有什么东西将转变我的思维模式和改变我的生活。这一认识是什么呢?

在全年级的100多个学生中，在1d班的最前一排，坐在蛇形座位末端的是我最要好的朋友巴利。谁对大自然更了解——小东尼还是小巴利?

当然是小巴利。

要说优秀，巴利应该坐在1a班我的右边半英里远的地方——他比我更了解大自然的美和多样性。

这一认识让我非常震惊，因为我现在有绝对的证据表明，我所处的体制（英国教育体制）没有准确地区分“智力”。在这个例子中，最好的却被判定为最差的。我的“第一名”是以我更聪明的“笨”朋友为代价而取得的，这一事实使我感到更加痛苦。

从那一刻起，小东尼·博赞变成了一个聪明的少年！我总是在问，“谁说谁是聪明的?”“谁说谁是不聪明的?”“谁有权利说谁聪明、谁不聪明?”“什么是聪明?”“什么是智力?”

我的余生一直在寻求这些问题的答案。

20世纪70年代以来，人们的智力观念开始了改变，因为人们越来越意识到还有许多其他种智力存在。

我与美国著名的心理学家霍华德·加德纳（Howard Gardner）一起认识到了那些不同的智力，而且还知道，如果适当地开发这些智力，它们将与其他种智力协同工作。针对传统的标准智商模式，我最先研究和提出了一种新的智力模式。

多元智力包括创造智力、个人智力、社会智力、精神智力、身体智力、感官智力，还有“传统”的数学智力、空间智力和语言智力。对于多元智力的图解，请参见图3.1。

每种智力都可能有其支持者。例如霍华德·加德纳就认为社会智力最重要，因为在许多情况下，它与人类的成功联系最为紧密。然而，汉斯·艾森克（Hans Eysenck）认为标准的智商最重要。列奥纳多·达·芬奇（虽然他没有把它们称为“智力”）说，最重要的是发展你的感官能力——也就是你的感官智力。

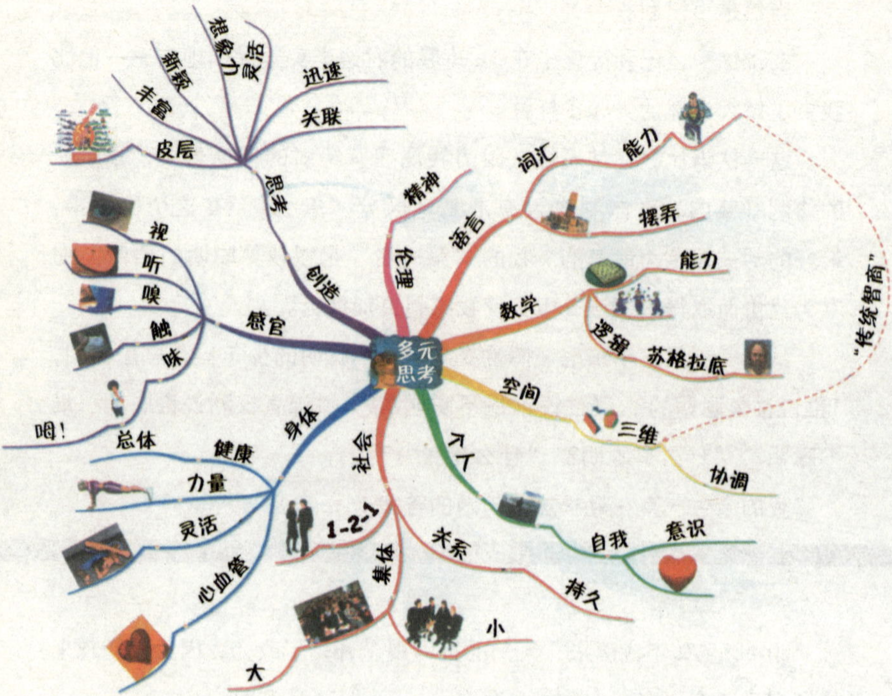

图3.1 多元智力思维导图

多元智力的观念符合我们揭示的大脑的工作方式和大脑皮层的能力（参见第1章）。我们在这里有必要说明，这些智力都与肌肉类似，可以培养和训练；每个人都有能力把每种智力发展到一个更高的水平。

这些智力包括：

- **语言**：培养“词汇能力”和摆弄字词无限组合的能力。
- **数学**：培养“数字能力”和摆弄无限的数字世界的能力，以及逻辑思维的能力。
- **空间**：处理三维空间的能力和协调三维空间内物体的能力。

这三种智力构成了传统智商测试的大部分。但是，要提高你的脑力，你还需要确保培养下列同样重要的智力：

- **个人：** 自我意识及其爱自己的能力——做自己最要好的朋友和最好的教练。
- **社会：** 在大小集体中获得成功的能力，以及建立持久关系的能力。
- **身体：** 总体的“卫生健康”，以及肌肉的力量、身体的灵活性和心血管的健康。
- **感官：** 发挥各种感官的终极能力和潜力——就像列奥纳多·达·芬奇所请求我们做的那样。
- **创造：** 调动全部大脑皮层进行思考的能力，思考得丰富、新颖、富有想象力、灵活、迅速和有关联。
- **伦理/精神：** 热爱其他生物和环境、慈善、理解、顾全大局、积极、慷慨。

设想一个世界，在这个世界中，每个人都接受教育，开发自身的这些巨大的资源。这是教育家和哲学家数千年以来的梦想。

在21世纪之初，在智能时代到来之时，我们终于有机会实现这个梦想了！

3.2 婴儿——完美的模型

其中一个最能证明大脑完美性的例子，就是婴儿大脑的功能和发育过程。他们远非许多人所想象的那样是些“无用或无能的小东西”，而是具有超凡的学习、记忆能力和智力非常发达的人——即使是在其早期阶段，就已经超过了最为复杂的计算机。

除了极个别的例外，几乎所有的婴儿在两岁的时候就学会说话了，还有的更早些。因为人人如此，人们都认为这是理所当然的。可是，如果对这个过程仔细加以研究，就会发现它是非常复杂的。

试着听某人说话，假装你听不懂他说的是什么语言，对他所讲的内容也知之甚少。在这种情况下，你能理解谈论的话题吗？显然，完成这个任务不仅很困难，而且由于声音彼此交错，词语之间的分别很难辨清。然而，每个学会了说话的婴儿不仅克服了这些困难，而且还设法区分明白了哪些是有意义的，哪些是没有意义的。当他听到像“宝噢噢噢噢噢噢波意巴噢呵呵呵西依依依依，可呃呃小小宝宝宝！”这些声音时，我们真不知道婴儿们到底是怎样想办法搞清楚我们是在说什么的！

小孩子们学习语言的能力使他们能够学习和理解韵律、数学、音乐、物理、语言学、空间关系、记忆力、整合、创造力、逻辑推理和思维，这些都是大脑左右皮层从一开始就具备的功能。

是你教会了自己说话和阅读，可你仍然还在怀疑自己的能力。这显然不合理，因为当你本身就是反方证据的时候，你是很难辩驳的。

3.3 大脑受到了什么样的限制

尽管有很多实实在在的证据，但很多人对大脑的潜力仍持怀疑态度。他们以大多数人的表现不佳作为反面证据。为了驳斥这种观点，我们给社会各界人士发了一份问卷，用以确定为何大脑这一神奇的器官未能得到充分使用。以下是问卷中的问题，每个问题的下面给出了95%以上的人对这一问题的回答。你可以边读边大声问自己这些问题。

现在，你应该清楚如何驳斥反对意见了吧：我们的表现与我们甚至最小的潜力不相符的原因就是，我们对自己所拥有的内在潜力一无所知，更不用说如何去充分利用了。

为什么外在表现与内在潜力不符：调查问卷

1 在学校，你学过关于大脑的知识，并知道怎样运用大脑来帮助你学习、记忆和思考吗？

没有。

2 你学习过记忆是如何发生作用的吗?

没有。

3 你学过特别的或高级的记忆技巧吗?

没有。

4 你知道学习时眼睛的作用及如何用这些知识来帮助自己吗?

不知道。

5 你知道很多学习技巧，并且知道如何将其运用到不同的学科中去吗?

不知道。

6 你知道注意力的性质及必要时如何保持注意力吗?

不知道。

7 你知道什么是动机，以及它是如何影响你能力的发挥的吗? 你知道如何利用它来帮助自己吗?

不知道。

8 你知道什么是关键词、关键概念以及它们与做笔记和想象的关系吗?

不知道。

9 你知道什么是思维吗?

不知道。

10 你知道什么是创造力吗?

不知道。

3.4 “只是普通人!”

在过去35年里，我在50多个国家所做的一个实验就是让人们想象他们处于下述情景。

他们已经“完成”了一项任务，其结果非常糟糕，完全是场灾难。他们为了逃避责任，为失败找了种种借口：“某某信息没有及时传真给我”、“在工程最关键的时刻，我却不得不去看病”、“这全是他们的错，要是公司的通信系统好点的话，就不会出这种事”、“老板不让我按我的想法去做”等。

接下来，让他们想象，尽管他们的借口冠冕堂皇，但他们最终还是“难脱干系”，并且必须承认整个灾难确实是他们自己的责任。

最后，要求他们完成人们在“悔过书”中常用的句子：“好了，好了，这是我的错。但你指望什么，因为我……”

在对不同的对象、不同的国家、使用不同语言的人做上述实验时发现，人们完成上个句子的共同的答案是：“只是普通人!”

尽管听起来有些滑稽，但却反映了一个普遍并被严重误导的神话：人类本身就有不足之处，因此，这场灾难的责任应归结于人类本身的“缺陷”。

为了从上述的假想中得出另一个观点，请考虑下面一些相反的情景。

你完成了一项了不起的工作，人们开始说你是“杰出的、优秀的、令人吃惊的一个天才或明星”，称你的工作是“令人震惊的、最棒的、难以置信的、无与伦比的”。在一段时间内，你会很谦虚，但最后你也会认为你是优秀的。

你见过几次你自己或他人站出来大声宣布：“是的，我是天才，我是明星！我做的工作确实是令人感到震惊的——连我自己都感到吃惊！成功的原因就是因为我只是普通人!”

大概没有人会这样说……

这第二种情景可能更自然、更真实地反映了人类及其工作的状况。作为人类的一员，就像第 1 章所描述的，你实际上是非常杰出的，并且在许多方面来说应该是奇迹的创造者。

我们“犯错误”和“失败”的原因不是因为我们“只是普通人”，而是因为我们仍处在进化过程中的极早期的阶段，正朝着了解我们人人拥有的、令人惊叹的“生物计算机”迈出了孩子学步般的试验性的第一步。

在全世界范围的教育系统内，人们之所以几乎没有花时间去学习如何学习，是因为我们对这台生物计算机的基本操作规则一无所知。

用一个现代计算机的比喻来说，我们对控制大脑这个硬件的软件知之甚少。

在本书的第二部分——你的“大脑使用说明书”中，你将了解大脑回忆和学习的方式、内容、原因和时间，以及如何利用记忆术（记忆的技巧）将自己的记忆能力翻倍，并释放自己真正的创造力。

如果应用这些［记忆］原则……你就能够同时横跨知识的世界和记忆的世界，让自己具备一些优势——这是我发现这种培训和应用所给予我的优势：更大的自信，越来越熟悉我的想象力，逐渐改善的创造力，大大提高的感知能力，还有更高的智商！

——世界记忆力锦标赛八连冠得主

多米尼克·奥布赖恩

第二部分

驾驭你的脑力

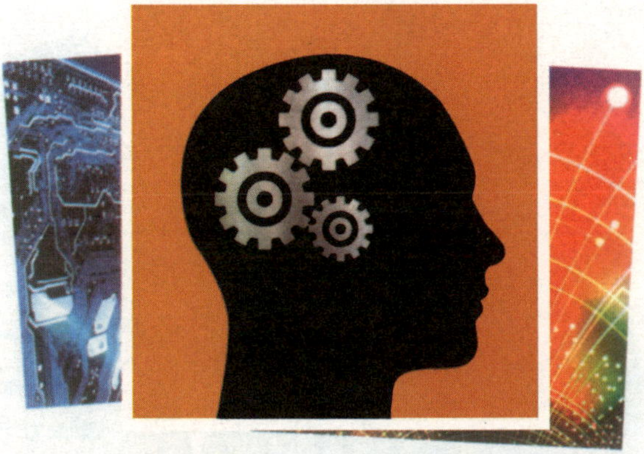

你记忆事件和数字的能力如何？面对考试的压力，你担心自己回忆信息的能力吗？本书的这一部分将让你深入了解如何记忆信息和回忆信息。简便易用的记忆术（记忆的技巧）和练习将帮助你记得更多、回忆得更快、更好和更富有创意地思考。

改善你学习信息和回忆信息的能力

本章介绍和测试你在学习期间和学习完成后与生俱来记忆信息的能力。

4.1　学习期间和学习后的回忆

记忆和学习最鲜为人知或理解的一个方面，就是学习期间和学习之后的回忆——在学习期间你所能记住的信息和学习结束后你所能回忆起来的信息。事实上，从本章接下来的测试练习和对这些测试的讨论中你可以看出，了解你的“理解”和“误解”对于装备你神奇的记忆能力至关重要。你还将看出，“记忆”和“理解”的工作方式是不同的：你有可能完全理解测试的内容，但你有可能回忆不起来甚至其中一半的内容。

不要认为，随着年龄的增长，你的记忆力将衰退。这是一种错误的观念。也不要认为，在回忆信息很困难的时候，你就永远不能够长久地记住任何事情了。这其中的很大一部分原因是你没有给自己时间停顿下来去思考，以及你回忆的方法不得当。

尽管你回忆信息的过程可能不像你所喜欢的那样有效，但你的记忆力事实上是非常有效的。你需要做的就是完善从大脑中提取信息的方法。首先请完成下面的一个简单的练习。

练习 1

学习期间的回忆

下面是一组单词。按照顺序快速地将表中所列的每个单词阅读一遍。阅读这个完整的单词表，一个单词接一个单词阅读。为了保证客观，请用一张小卡片遮盖住读过的单词。除非你拥有大师级的记忆力，否则你是不可能将这些单词全部记住的，所以只是尽可能多地去记。开始吧！

house	rope
floor	watch
wall	Shakespeare
glass	ring
roof	and
tree	of
sky	the
road	table
the	pen
of	flower
and	pain
of	dog
and	

现在，请遮盖住本页，看下一页的“反馈和问题”。对于问题 1，请尽量写出你能记住的单词。然后回答问题 2~6。

反馈和问题

回答这些问题时，不要参照前面的单词表。

1 按顺序尽量写出你能记住的单词。

2 在第一次出错之前，你记住了单词表中开始部分的多少个单词？

3 你能记起表中哪些单词出现了不止一次吗？如果能，请写下它们。

4 在单词表的最后5个单词中，你记住了多少个？

5 你记得表中明显不同于其他词语的单词吗？

6 在这张表的中间，有些单词在你回答前面的提问时从未提到过，你能记住多少个这样的单词？

练习 2

学习期间的回忆

在下图上画一条线，用它代表你认为你在学习期间所能回忆起来的量。图中左垂线表示学习起点，右垂线表示学习终点；底部的直线代表没有回忆（即全部忘记）；顶部的直线代表完美的回忆。图 4.1a~图 4.1c是 3 个人做的例子，分别代表他们在学习期间感觉到自己可回忆的量。这些图都是从 75% 开始的，因为他们认为即使是最完美的学习过程也不可能产生 100% 的完美理解或回忆。

当然，也有许多其他的情况，所以，当你看完这些图形之后，请根据你认为的自己的记忆情况，完成下图。

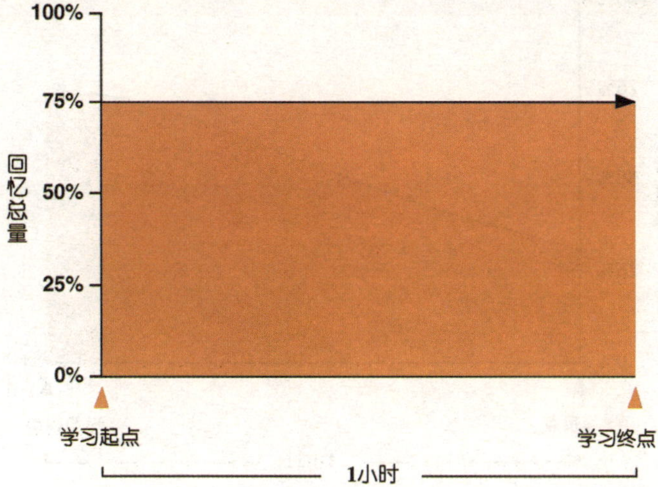

图 4.1a　A 认为自己在学习期间回忆保持恒定

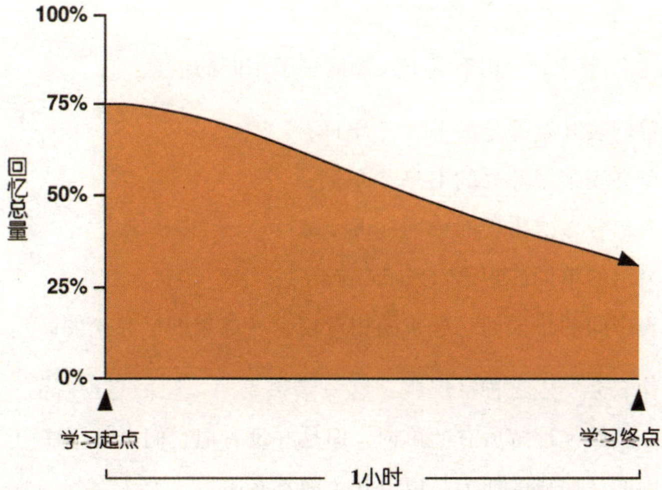

图 4.1b　B 认为自己学习开始时记得多，结束时记得少

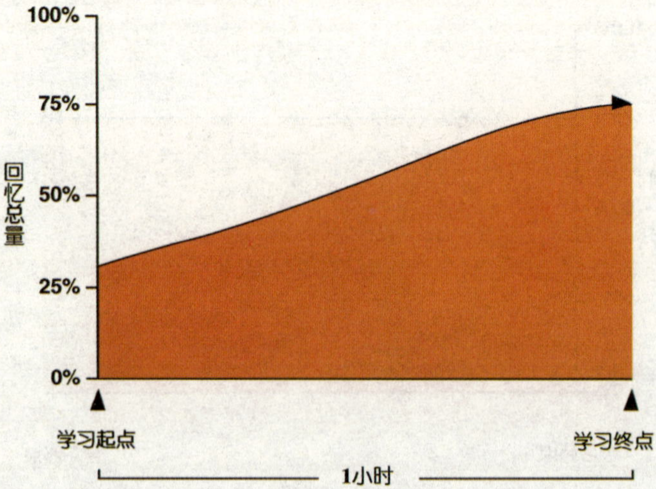

图 4.1c　C 认为自己学习开始时记得少，结束时记得多

4.1.1　学习期间回忆练习反馈

在这个练习中，几乎每个人都回忆了相同的信息：

- 单词表开始部分的 1~7 个单词；
- 单词表结尾部分的 1~2 个单词；
- 大部分多次出现的单词（the，of）；
- 突出的单词或短语（Shakespeare）；
- 表中间的单词回忆起来的相对较少（如果回忆起来的话）。

为什么会发生这种情况呢？这一结果表明，记忆与理解的工作方式不同：虽然你理解所有的单词，但是并没有把它们全部记住。

我们回忆信息的能力与以下几个因素有关：

- 与“中间的事物”相比，我们最有可能记住“最前面的事物”（首因效应）和“最后面的事物”（近因效应）。因此，我们能够更多地回忆起来的信息来自学习时间段的开始和结束部分，而不是中间部分（参见图 4.2 中的曲线，它开始时很高，在 3

个高峰之前趋于下降，在结束之前再次提升）。就这个单词回忆测试而言，单词 house 和 dog 分别出现在开始和结束部分。

- 对于存在某种联系或关联的事物，运用韵律、重复或其他与我们的感觉相关的东西（参见图 4.2 中的 A、B、C 点），我们就能学习得更多。就这个单词回忆测试而言，重复的单词有 the、of、and；有关联的单词有 tree 和 flower，或者 house 和 roof。
- 当事物很突出或独特时，我们也会学习得更多。Shakespeare 这个名字从其他单词中突显了出来，激发了我们的想象。这叫做冯·雷斯托夫效应（Von Restorff Effect，参见图 4.2 中的 O 点）。

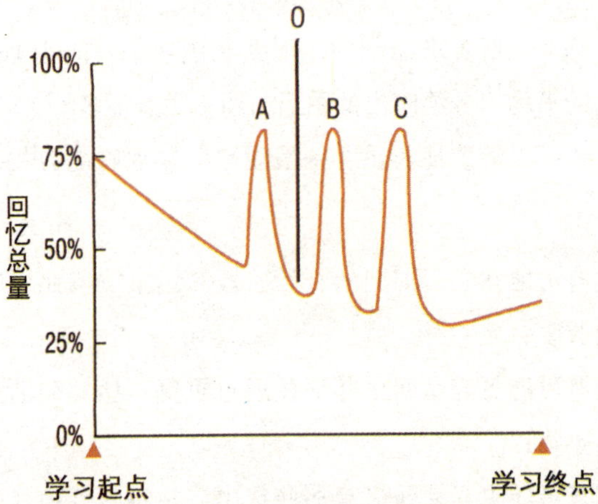

图 4.2 学习期间的回忆。这个示意图表明，我们回忆得较多的信息位于学习的开始部分和结束部分。对于存在某种联系或关联的事物（A、B、C），以及突出的或独特的事物（O），我们回忆得也较多

图 4.3 是根据测试得分绘成的一种模式，它非常清楚地显示出：记忆和理解并不随时间的推移以完全相同的方式运作——所有的单词都可以理解，但只有部分单词可以回忆起来。记忆和理解之间不同的工作方式可以帮助我们解释：为什么许多人在数小时的学习与理解之后，发现他们并没有记住多少东西。原因是大脑如果得不到短暂的休息，回忆就有可能随着时间的推移逐渐变差（参见图 4.3）。

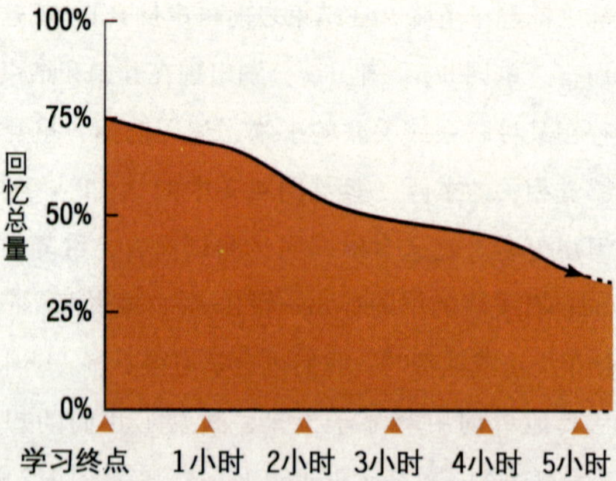

图 4.3　回忆随时间的推移而逐渐变差，直到大脑得到短暂的休息为止

因而，练习 2 所要求绘制的图形要比图 4.1a~ 图 4.1c 更复杂些。根据练习 1 的平均得分绘制出的图形与图 4.2 差不多。

从图 4.2 可以清楚地看出，一般说来，在理解能力相对稳定的情况下：

- 我们有可能在学习期间的开始阶段和结束阶段比中间阶段记住的内容多；
- 我们有可能更容易回忆起那些通过重复、感觉和韵律而相互关联的事物；
- 我们有可能更容易回忆起那些突出或独特的事物（发现这一特征的心理学家名叫冯·雷斯托夫，因而这种记忆现象也被称为“冯·雷斯托夫效应”）；
- 对于学习的中间阶段的内容，我们有可能记住得相当少。

要想把记忆保持在一个相当高的水平，需要找到记忆与理解最协同的工作点。在正常的工作或学习中，这一点出现在 20~50 分钟之间的一个时间段。时间太短，大脑没有足够的时间去领会材料的节奏与组织。时间太长，记忆量会出现持续下降（参见图 4.4）。

所以，如果听讲座、看书或利用电子媒体学习时间达到两个小时，中间最好安排几次短暂的休息。这样的话，回忆曲线就可以保持高位，从而防止其在学习的稍后几个阶段出现跌落。每隔半个小时做短暂的休息，将使回忆出现 8 个相对的高点，以及高点中间的 4 个微幅的下降点。但这 4 个下降点中的任何一个都不及两个小时期间一直不休息时回忆下降的幅度大（参见图 4.4）。

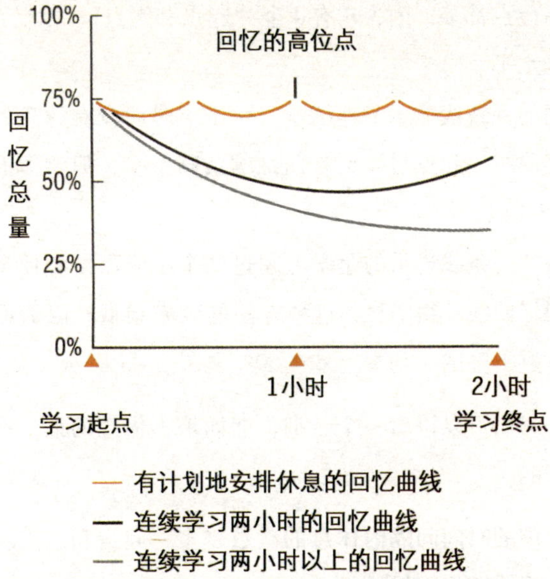

图 4.4　学习期间安排休息和不安排休息的情况下的回忆曲线图。20~50 分钟的学习间隔最能产生回忆与理解的协调关系

此外，学习期间的短暂休息也是有益的放松点。它可以使集中注意力学习时紧张的肌肉和神经得以放松。

4.1.2　短暂的休息很重要

因此，在合理的时间间隔内进行短暂的休息是学习和记忆进程的重要组成部分。如果在学习时每隔一段时间就进行短暂的休息——例如每隔 20~50 分钟，你会发现准确地回忆信息变得较为轻松。因为，短暂的休息可以使你的大脑有时间吸收已经学习到的信息。重要的是，短暂的休息会立即产生另一个“近因”高位点，而且在休息结束之时，会产生另一个“首因”高位点。图 4.4 显示了两个小时的学习时间内 3 种不同的回忆模式。

- 顶端的曲线有 4 个短暂的间歇。升起的顶峰表示回忆水平最高的时刻。在这条曲线上，回忆的高位点比其他任何一条曲线上的高位点都多，因为它有 4 个“起点和终点”。回忆一直保持较高的水平。
- 中间的一条线显示了连续学习两个小时而没有休息的情况下的回忆曲线。起点与终点是回忆的最高水平，但整体的记忆保持在 75% 以下。
- 底端的一条线显示的是学习超过两个小时而没有休息的情况下的回忆曲线。很明显，这种方法的效率很低，因为回忆曲线是在一直下降的，基本上是在 50% 之下。

从中，我们可以得出一个教训，即如果不休息的话，你的回忆量是逐渐下降的。

- 在合理的时间间隔内休息的次数越多，起点和终点就越多，大脑也就能够记忆得越好。
- 短暂的休息对于放松也是非常必要的，它可以使集中注意力学习时高度紧张的肌肉和神经得以放松。

练习 3

学习后的回忆

下面的空白图是用来记录你的记忆在学习完成后的变化情况的。左边的垂线表示学习终点；右边没有垂线，是因为我们假定“之后”可能是几年以后的事了；底端的直线表示没有回忆起任何东西；顶端的直线表示完美的回忆。

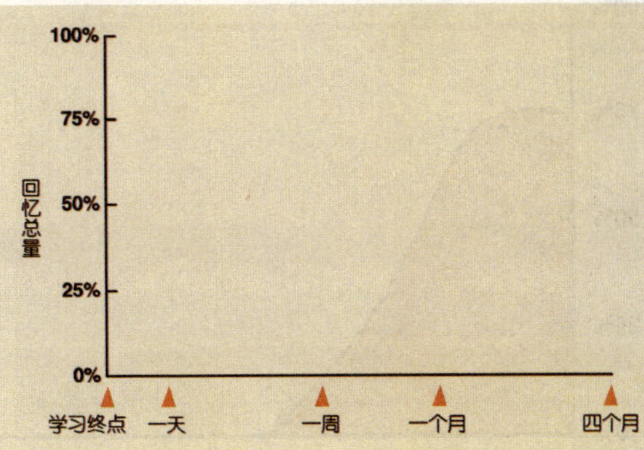

如同练习2一样，这里也有许多其他的情况，所以请根据最能反映你学习后的回忆情况，完成此图。为了这个练习的目的，你可以假定在你学习结束后什么也没有发生，以便提醒自己所学习到的信息。

4.1.3 学习后回忆练习反馈

在练习3中，我们要求你完成一张曲线图，用于反映在学习完成后你的回忆情况。图4.5a~图4.5c所示的范例，是许多人在做这一练习时所给出的答案，但是还会有很多其他的答案。

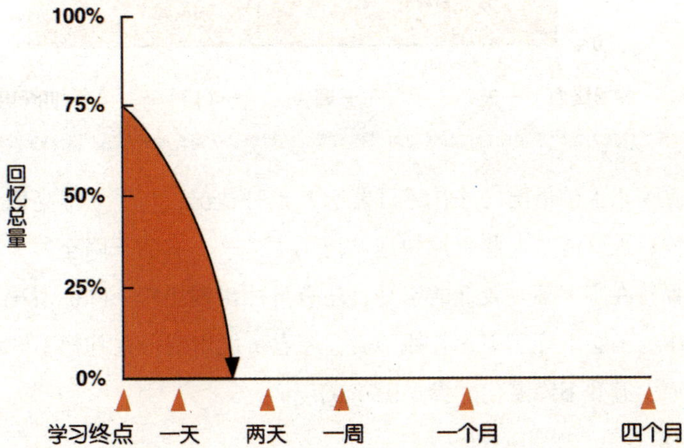

图4.5a　A认为他在很短的时间内几乎忘记了一切

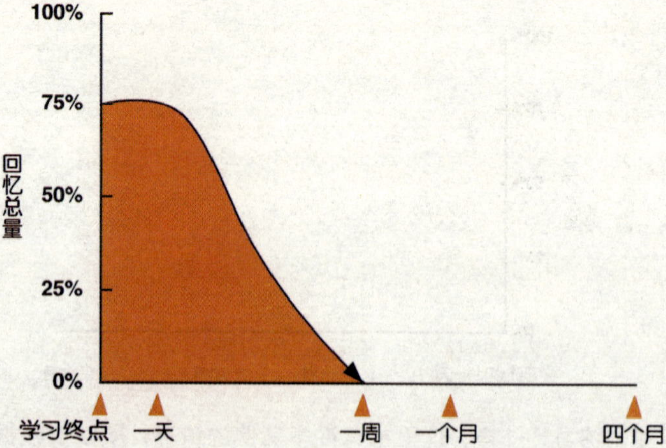

图 4.5b　B 认为他在短时间内还能保持恒定的回忆，但是随后这种回忆就陡然降低了

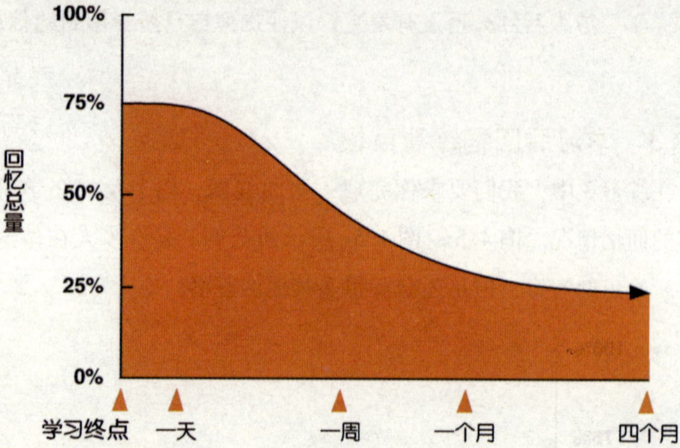

图 4.5c　C 认为他的记忆能在一段时间内保持不变，随后缓缓下降，最后在某一点上趋于平稳

除了以上的情况之外，还可能有其他种情况：几乎立即降低至零的直线；也可能有一些更加快速下降的方式——有的下降至零，有的始终保持在零上某一较低的水平；还有可能出现缓慢下降的情况，而且其中有的会下降至零，有的不会；还有可能出现一些其他不同程度的时而上升和下降变化（参见图 4.6）。

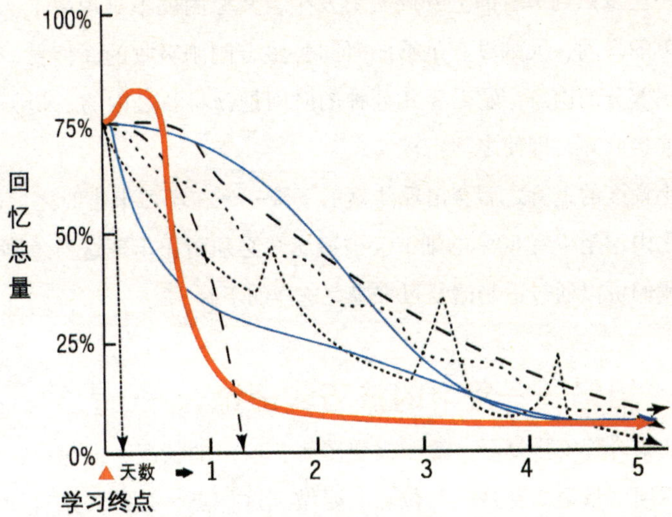

图 4.6　人们根据自己在学习 1 小时之后的回忆情况而提供的不同回答。蓝色线条是人们最常认为的回忆下降曲线。红色线条是通过心理学研究所测定的实际模式，注意在陡然下降之前的上升

令人吃惊的事实是，先前所给出的图例和以上所做出的估计都是不正确的。它们都忽略了一个特别重要的事实：学习后的回忆量最初是上升的，之后才是下降的，再后是一条逐渐下降、以水平线结尾的凹形曲线（参见图 4.7）。

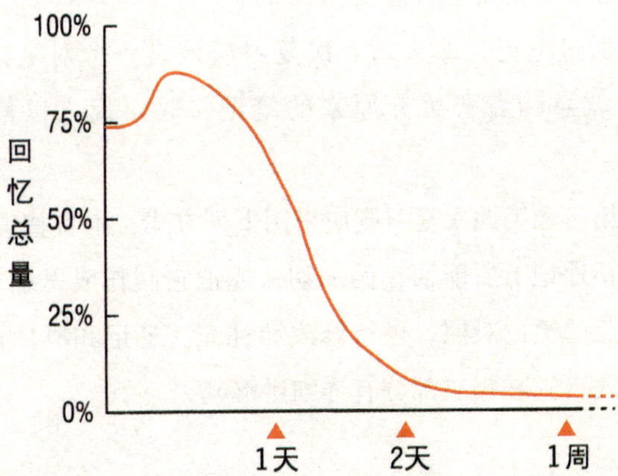

图 4.7　人们在学习后回忆量会有短暂的上升，随后会陡然下降（80% 的细节会在 24 小时之内被遗忘）

一旦意识到短暂的上升确实会发生，其原因就不难理解了。在学习结束的瞬间，大脑没有足够的时间去整合刚刚吸收的新信息，尤其是结尾部分的内容。它需要几分钟的时间把新材料之内的一切关联牢固地连接起来，即使之“沉淀”。

小幅度的上升之后会出现陡然的下降——在学习 1 小时之后的 24 小时之内，至少有 80% 的细节会被遗忘。必须防止出现这样急剧的下降。我们可以通过适当的复习来避免这样的下降。

4.2 记忆——复习的技巧和理论

如果合理安排复习，就能改变图 4.7 所示的情况，即保持在学习结束后回忆量很快到达的高位点。要做到这一点，必须安排有计划的复习，而且每次复习必须安排在回忆刚开始下降之前。

例如，第一次复习应该在学习 1 小时之后的 10 分钟开始，复习时间以 5 分钟为宜。这样可使记忆在高位点保持 1 天左右，然后应该进行第二次复习，时间为 2~4 分钟。此后，记忆将保持一周左右，然后在一个月之后再次复习约 2 分钟。经过这最后一次复习，此项知识将被转为长期记忆。这就类似于熟悉了一个人的电话号码之后，只要偶尔注意一下即可保持记忆（参见图 4.8）。

如果已做过笔记，那么第一次复习应该是一个对笔记的全面修订过程，这就意味着要废弃原来的笔记，取而代之以修订的最终版本。

第二、第三和第四次复习则应采用下列方式：不看整理过的笔记，用一张纸概括地记下所能回忆的一切，或把它制作成思维导图；然后将其与最终版的笔记对照，进行修改和补充。笔记和概括都应做成思维导图的形式（这在第三部分有详细讲解）。

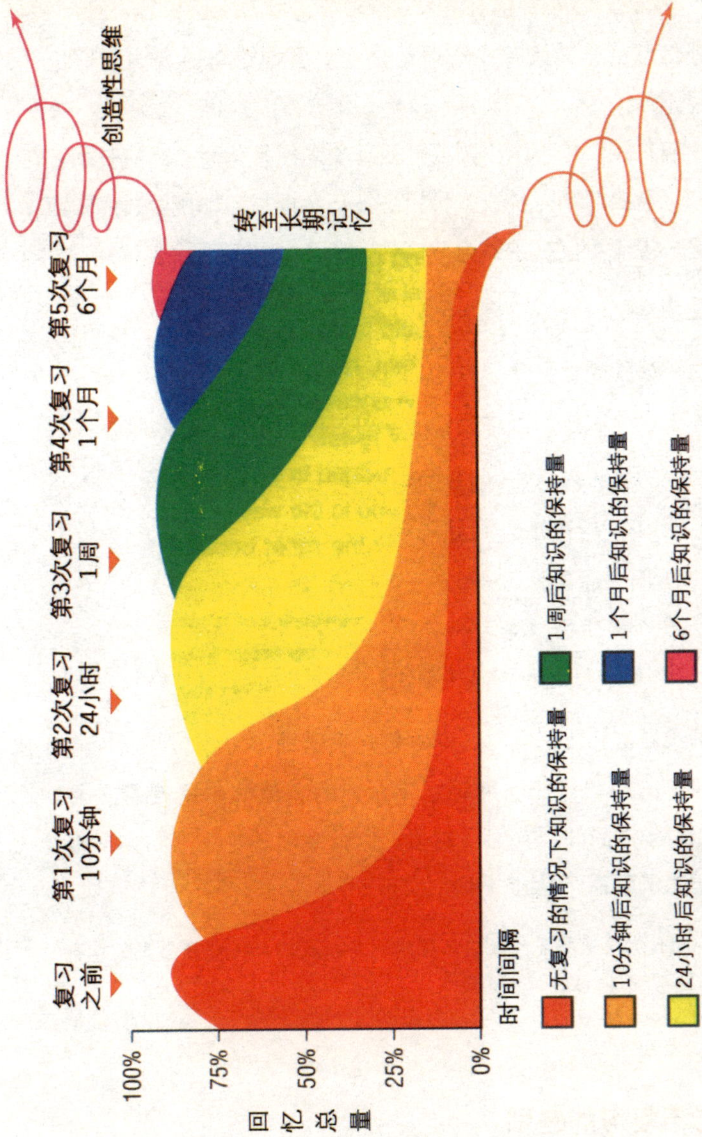

图4.8 适当间隔地复习能使回忆保持在持续高位的水平

学习后回忆——重复的价值

新信息首先被储存在短期记忆中。要把信息转变为长期记忆，你需要不断演练。

一般来说，信息至少需要重复5次才能转化为永远的长期记忆。因此，你需要运用一种或多种记忆技巧定期复习你所学过的东西。

这一规律可以被浓缩为下面的一个公式（箭头代表“转化”）：

短期记忆→长期记忆 =5 次重复

这一公式的含义是“从短期记忆到长期记忆需要5次重复”。

关于这5次复习和重复你所学习过的内容，我的建议是：

1 学习结束之后立即复习一次。

2 1天之后再复习一次。

3 1周之后再复习一次。

4 1个月之后再复习一次。

5 3~6个月之后再复习一次。

每次复习和回忆之时，你不仅是在重访学过的信息，而且还是在增加你的知识。在长期记忆中，你的创造性想象起着重要的作用。你对学过的知识复习得越多，你就会越多地把它与你已经记住的其他知识联系起来。

我们学得越多，我们记得就越多。我们记得越多，我们学得就越多。

复习与不复习的差别

合理复习最重要的一个方面是作用于学习、思维和记忆等各方面的累积效应。如果不复习，你就是在不断地浪费自己对学习任务所付出的努力，而且会将自己置于严重不利的处境。

每次接触新的学习情景之时，你对旧知识的回忆将会处于一个低谷，应该自动产生的联系也会消失。这样，你对新材料的理解就不能达到应有的水平，而且理解的效率和速度也必然会降低。这种消极的过程会不断反复，造成你精神逐渐低迷，最终对能学好的东西也失去了信心。只要一学新东西就会忘记，一接触新东西心理上就会感到压抑。结果是很多人在完成了正式的考试之后，就很少甚至根本不再碰书本。

不复习对一般的记忆同样有害。如果每条新信息都被忽略，那么它将不被有意识地保留在我们的记忆中，也不能形成新的记忆连接。由于记忆是一个以连接和联想为基础的过程，因而“记忆库”中的东西越少，其接纳和连接新知识的可能性就越小。

相反，复习的好处是无穷的。你对现有知识体系掌握得越多，你能吸收和掌握的知识就越多。在学习时你能控制的知识数量不断增加，使你能更易于消化新知识，并将每条新的信息吸收到已有的、相关知识的存储中去（参见图4.8）。这一过程很像滚雪球：雪球越大，滚得越快，最后它能在自身冲力的作用下继续滚动。良好的复习习惯可以形成滚雪球效应，增强你对工作和生活的信心。

掌握记忆术让记忆力翻倍

记忆术可以是一个单词、一张图片、一个系统或其他任何有助于回忆一个短语、名称或一系列事实的方法。记忆术的英语是 mnemonic，第一个 m 不发音（它的发音是“nem-on-ics”）。这个单词来自希腊语 mnemon，意思是“不忘的”。它来源于希腊记忆女神的名字 Mnemosyne。

古希腊人所创立的那些完美记忆的规则，与我们今天所了解的有关大脑左右半球的知识是完全吻合的（参见 2.2 节）。在没有心理学和科学的背景下，古希腊人认识到：要想记得牢固，就必须运用思维的各个方面。

自从古希腊时代以来，确实有那么一些人以令人惊叹的记忆表现给我们留下了深刻的印象。他们能以顺序、倒序或任意顺序记住成百上千件事物：日期与数字、名字与面孔，并能表演特殊的记忆技能，诸如完整地记住某个领域的全部知识，或者记住任意排序的整副扑克牌。

我们在上学时大多都使用过记忆技巧，只是我们在那时没有意识到而已。例如，学习语法和拼写时，我们有“除非在 c 后，否则 i 总在 e 前”的规则；学习音乐时，我们常常用“Every Good Boy Deserves Favour”（每个好孩子都值得喜爱）这样一个短语来帮助记忆高音符号 EGBDF。

在记忆技巧中，如果使用首字母构成单词，我们把它称为“首字母缩略词”。首字母缩略词是由每个单词的第一个字母组成的单词，例如UNESCO，代表United Nations Educational，Scientific and Cultural Organization。

我们许多人都在小时侯学过用“拳头记忆法”来记忆大小月份（二月特殊）。这就是记忆术——帮助你记忆的方法。

记忆术主要是通过刺激你的想象力来起作用的，也可以通过词语或其他途径促使你的大脑做出联想。

5.1　记忆力训练的好处

许多记忆术实验表明，如果一个人使用这种技巧在满分为10分的情况下得了9分，那么满分为1000分时，他会得900分；满分为10000分时，他会得9000分；满分为1000000分时，他会得900000分。同样，如果满分是10分，一个人能得满分，那么如果满分是1000000分，他同样也能得满分。这些结果再一次说明了大脑有无限的存储信息和创造信息的能力。

过去，人们将这些规则蔑称为“戏法”，但近来对其态度已有所改观。人们已经意识到：这些方法最初能使大脑更快、更容易地记住一些事，而后能使记忆保持得更长久。实际上，这些方法都是利用了大脑本来就具有的能力。

关于大脑工作方式的现代知识表明：这些记忆规则与大脑发挥作用的方式有着非常密切的关系。记忆规则的应用最终赢得了尊重，并得以普及，很多大学和中学都将其作为整个学习过程的辅助课程来教授。记忆力可以得到非常明显的提高。可被利用的记忆技巧也越来越多了。

5.2　世界记忆力锦标赛

20世纪90年代初，我成立了记忆协会，举办了世界记忆力锦标赛。通过比赛，一些令人吃惊的记忆成绩被创造了出来。原来的心理极限被突破，记忆的“极限”不断拓展，令人吃惊的新纪录不断被创立。例如，世界记忆力锦标赛的第一位冠军和八连冠得主多米尼克·奥布赖恩（Dominic O'Brien），能在42.6秒的时间内记住一整副扑克牌，能在57秒的时间内记住随机产生的100位二进制数字！2007年，班·普理德摩尔用26.28秒记住了一整副被洗过的扑克牌，打破了之前由安迪·贝尔（Andi Bell）创立的31.16秒的世界纪录，也打破了难于逾越的30秒的障碍——相当于体育比赛中打破4分钟跑完一英里的纪录（关于世界记忆力锦标赛的更多信息请参见 www.world-memorychampionships.com）。

5.3 核心记忆原则

想象和联想是记忆技巧的基石。通过使用关键记忆工具，例如词语、数字和图像，你将记忆技巧运用得越有效，你的思维能力和记忆能力就会变得越强和越高效。

为了提高你的记忆力，激发你的联想能力和形象思维，我设计了以下12种记忆技巧——你可以通过每个技巧的首字母把这一记忆术记为“SMASHIN SCOPE”(参见图5.1)。想象和联想是SMASHIN SCOPE记忆术的核心准则。

5.3.1 感觉/感官(Senses/Sensuality)

你运用视觉、听觉、味觉、嗅觉、触觉对试图回忆的事物感知得越多，你就越能够强化你的记忆能力，而且能够在需要的时候从大脑中迅速调取信息。你所体验、学习和享受的一切都是通过感觉传递给大脑的。这些感觉包括视觉、听觉、嗅觉、味觉、触觉、对身体及其运动的空间意识（即动觉）。

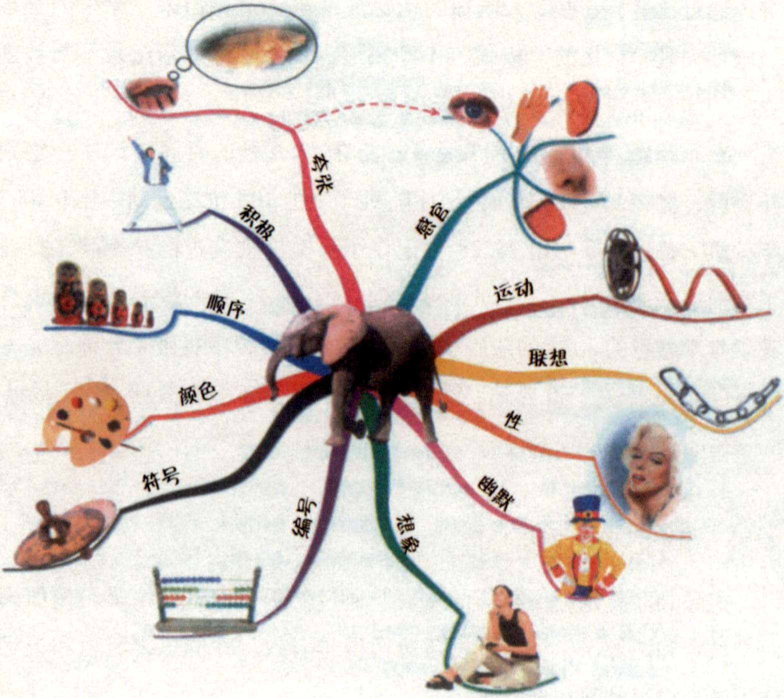

图 5.1 SMASHIN SCOPE 思维导图

你对各种感官所接收到的信息越敏感，你就能够记得越好。那些“天生”好记性的人及记忆专家们培养自己各个感官的灵敏度，然后将这些感觉融合起来，使其产生“增强”的记忆。这种感觉的融合被称为“通感”。

5.3.2 运动(Movement)

在任何记忆图像中，运动可以极大地增加大脑连接和记住东西的可能性。当你的图像运动起来的时候，它们就具有立体感。节奏是运动的一个分支，因此也请在记忆图像中使用节奏。记忆图像中的节奏及其变化越多，图像就变得越突出，因而也就越容易被记住。

5.3.3 联想(Association)

无论你想记忆什么东西，都要确保使它与你内心中某些稳定不变的事物联系起来，如衣钩法：1 = 面包。如果你基于现实把这些图像与你熟悉的事物联系起来，那么它们就会被存放在一个地方，你也就能够更轻松地记住那个信息。联想发挥作用的方式是把某一信息与其他信息连接起来，例如通过使用编号、符号、顺序和模式等(参见图 5.2)。

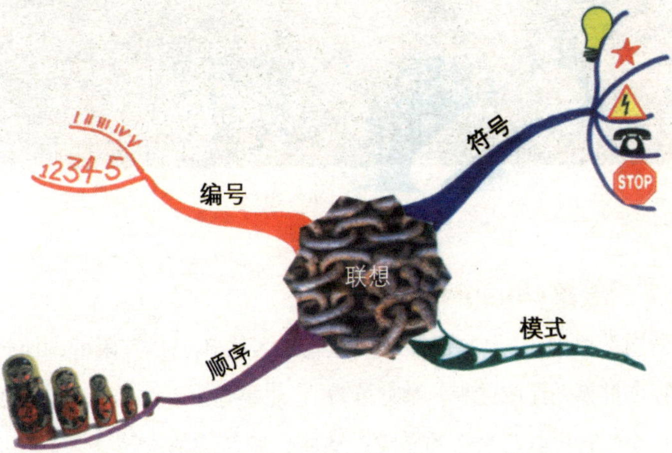

图 5.2 微型思维导图，显示通过不同形式的联想提升记忆力

5.3.4 性(Sexuality)

事实上我们在这方面都有很好的记忆。一定要加以利用!

5.3.5 幽默(Humour)

给你的记忆增加点乐趣。你的想象越有趣、越荒谬、越愚蠢、越超现实，就越容易被记住。超现实主义画家萨尔瓦多·达利（Salvador Dali）最有名的一幅作品就叫做“永恒的记忆”（参见图 5.3）。

图 5.3 永恒的记忆

5.3.6 想象(Imagination)

爱因斯坦说："想象比知识更重要。因为知识是有限的，而想象却能包容全世界、促成进步、孕育革新。"想象是没有穷尽的，它是没有界限的，而且它可以刺激你的感觉，从而也刺激你的大脑（参见图 5.4）。拥有无限的想象力可以使你更容易接受新的体验，更愿意学习新的东西。

5.3.7 编号(Number)

数字编号对于记忆有很大的影响力，因为编号可以使思想有序化，使记忆变得更加具体。

5.3.8 符号(Symbolism)

符号是一种利用想象和夸张来固定记忆的浓缩和编码方式。创造一种符号促进记忆，就像创造一种标识。符号可以讲述一个故事，代表比图像本身更大的事物，建立彼此之间的联系。你也可以使用传统的符号，例如“停车标志”或“灯泡”。

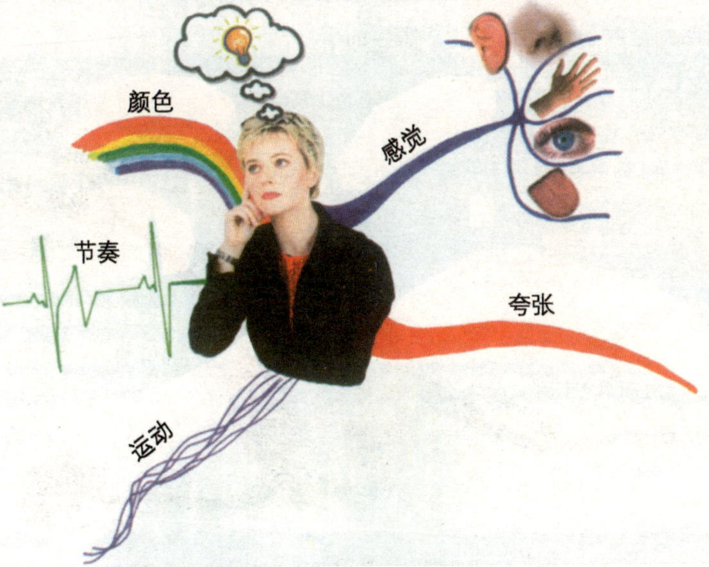

图 5.4　微型思维导图，显示通过不同形式的想象提升记忆力

5.3.9　颜色(Colour)

在适当的地方尽可能地使用各种颜色，这样能使你的想法“色彩斑斓”，因此也就更易于记忆。在你的想象、绘图和笔记中尽可能使用颜色，从而强化视觉，刺激大脑享受视觉体验。

5.3.10　顺序/次序(Order/Seguence)

结合其他规则，排列顺序和次序起到了更直接的参考作用，并增加了大脑“随机存取”的可能性。例如，你可以从小到大排序，也可以依据颜色分组，或进行分类和排列等级。

5.3.11　积极(Positivity)

在许多事例中，积极、愉快的形象更利于记忆，因为这些形象使大脑乐于重新回到这些形象中去（参见图5.5）。而消极的形象会被大脑阻挡，即使你用尽上述的各种规则也无济于事，因为大脑认为再次返回到这些形象中是一件不愉快的事。

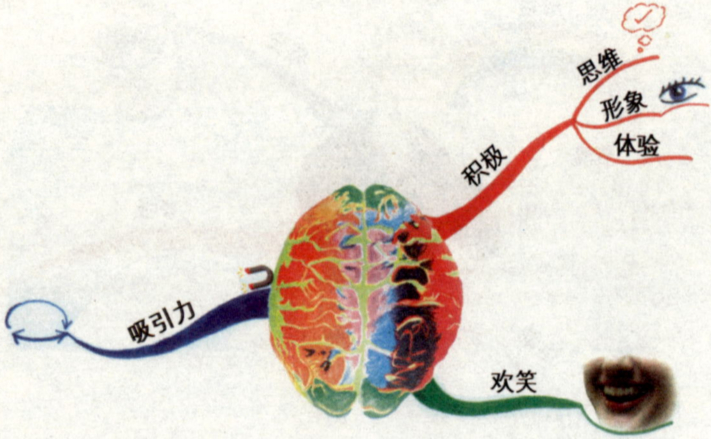

图5.5　微型思维导图，显示利用积极思维可以提升记忆力

5.3.12　夸张(Exaggeration)

在你所有想象的情景中，应该夸大尺寸、形状和声音，尽量将想象放大，使其更加荒谬。所想象事物的大小、形状和声音越夸大，你就越能够记住它们。想一想孩子们所喜欢的人物：卡通怪物史莱克以及《哈利·波特》中的巨人海格，他们都比生活中的人物大得多，而且在人们的心目中他们要比电影中的其他人物形象更鲜明。

5.4　我们从此要走向哪里

我们已经知道，要想充分发挥大脑的功能，需要使用大脑的两个半球。很巧，记忆的两个基石同时也是大脑的两项主要的活动：

Imagination（想象）
Association（联想）} 两者联合 = *MEMORY*（记忆）

你的记忆可以让你认识到你自己是谁，因此记住这一点的正确记忆法可以是：

I AM

稍后你会发现，大脑工作的这两个基本原则——想象和联想——是形成思维导图的基础。

有趣的是，以上概括的SMASHIN SCOPE记忆原则也是思维导图的核心结构。而且，我也正是在探索记忆原则的基础上发展出了思维导图，其最初也被看做是记忆的工具（参见第三部分）。

现在，我已经解释了记忆系统背后的基本理论。接下来我要教你一个记住10件事物的简单方法。首先，你需要完成下面的简单测试。

练习4

下表是10个单词及与其对应的10个数字。像做练习1一样，把每行看一遍，边看边用卡片盖住已看过的内容。这样做的目的是帮你记住哪个单词跟在哪个数字后面：

4	leaf	5	student
9	shirt	8	pencil
1	table	3	cat
6	orange	7	car
10	poker	2	feather

现在请翻到下一页，按要求的顺序写出答案。

练习4答题纸

回答这些问题时，不要参照前面的单词表。以下是数字1~10，请根据记忆在每个数字后面写出原来跟在它后面的单词。数字的排列没有按原来的顺序，请尽可能地多填，然后翻回去与原表对照检查。

1	______	7	______
4	______	5	______
3	______	6	______
8	______	10	______
9	______	2	______

得分： ______

现在，让我们来看一些记住这10个单词的特别的记忆方法。

5.5 数字—韵律记忆法

下面还是那10个单词，这次是按照数字顺序排列的。

1	table	6	orange
2	feather	7	car
3	cat	8	pencil
4	leaf	9	shirt
5	student	10	poker

为了记住以上内容，必须用某些方法使我们能利用记忆的连接和联想能力，来把这些事项与其对应的数字关联起来。

要完成这一任务，最好、最简便的方法就是数字—韵律法。在此方法中，每个数字都有一个押韵的单词与之相连（按英文发音押韵——译者注）。

下表所列举的一些押韵单词可以给你开个头。你可以看出，下面的每个数字都有一个与之押韵的单词相对应。

1	bun	6	sticks
2	shoe	7	heaven

3 tree
4 door
5 hive
8 skate
9 vine
10 hen

为了记住练习 4 列表中随意抽出的单词，我们必须将它们与上面数字所代表的押韵单词“联系”起来。如果成功的话，就能很容易地回答“哪个单词与数字 5 连在一起”这类问题。5 的押韵词 hive 可自动地回忆出来，与之相联系的单词的图像也就记起来了（在这个例子中是 student）。你需要做的就是：

- 发挥你的想象力（如果你希望有不同的图像），想出一些其他你更容易记住的韵律/图像❶。
- 选择容易记忆的单词，并且与每个数字联系起来，在下页的方框中绘制出图形——使用尽量多的颜色和想象。
- 为了使你在头脑中对每个图像有个清晰的印象，闭上眼睛，想象着把这个图像投射到眼帘的内部，或者投射到脑袋内的一个屏幕上。
- 去听，去触摸，去嗅，用对你来说最有效的方式去体验每个图像。例如，想想你昨天午餐吃了什么，你的大脑是怎样把它再创造出来的。

当你完成这个任务后，闭上眼睛，在头脑中过一遍这 10 个数字，确保你已经记住了与每个数字押韵的联想图像。然后从 10 倒数到 1，重做一遍。

你做得越快，你的记忆力就变得越好。你练习得越多，你的联想和创造性思维能力就提高得越多。

练习随机回忆这些数字，直到这个数字—韵律联想图像成为你的一种习惯。

---

❶ 中文读者可以按中文 10 个数字（1~10）的韵母，选择 10 件事物，创造属于自己的韵律/图像序列。——译者注

1	6
2	7
3	8
4	9
5	10

数字—韵律法应用

一旦你记住了数字—韵律的关键词和关键图像，你就可以把这个方法投入实际应用了。

请把按数字顺序排列的单词列表与数字的押韵单词联系起来。参照前面讲的，你将发现这一数字—韵律搭配有可能变成下面的图像（参见图5.6）。

1 bun + table

想象一个巨大的面包（bun）放在一张不堪重负的桌子（table）上，闻着新鲜出炉的烤面包的香味，想象它的味道。

2 shoe + feather

想象在你最喜爱的鞋子（shoe）里面突然长出一片巨大的羽毛（feather），让你没法穿上鞋，还把你的脚弄得痒痒的。

3 tree + cat

想象在一棵大树（tree）下，你家的猫咪（cat）或你认识的一只猫正在枝杈间发疯地爬着、大声地叫着。

4 door + leaf

把你的卧室门（door）想象成一片巨大的树叶（leaf），一开门就沙沙作响。

5 hive + student

想象一个穿着黑、黄相间条纹衣服的学生（student）忙忙碌碌，或者想象他坐在桌前学习，一滴蜂蜜从蜂巢（hive）滴到了他的课本上。

6 sticks + orange

想象用粗大的木棍（sticks）敲打像沙滩球那么大的橘子（orange），摸一摸、闻一闻从它里面渗出的液体。

7 heaven + car

想象所有的天使都坐在小汽车（car）里，而不是乘云飞来飞去。体验一下你自己开车，飘飘然如在天堂（heaven）的感觉。

8 skate + pencil

想象你自己在人行道上溜冰（skate），还听得见溜冰鞋轮子与地面的摩擦声。绑在溜冰鞋上的彩色铅笔（pencil）随着你滑动，画出色彩缤纷的图案。

9 vine + shirt

想象葡萄藤（vine）像《杰克与魔豆》（Jack and the Bean Stalk）中的大豆茎一样大，藤上长的不是树叶，而是挂着色彩鲜艳的衬衣（shirt），正随风飘舞。

10 hen + poker

现在轮到你了……想象一只母鸡（hen），带着一根拨火棍（poker）……

上面的关键词都加了粗体。它们是你记忆的触发器，无论你记忆什么事物，它们始终是一贯的。要记住练习 4 的列表，我们必须牢固地把它们与这些数字所对应的押韵单词“联系”起来。如果成功的话，就能很容易地回答“哪个单词与数字 5 连在一起”这类问题。5 的押韵词 hive 可自动地回忆出来，与之相联系的单词的图像也就记起来了（在这个例子中是 student）。

检查所有这些单词和图像之间的联想是否生动、积极、简单和清晰，确保它们能为你所用。你可以确信，每练习一次，你的技能就会得到迅速的提高，你的记忆力也将超越一般水平。

运用想象和联想，建立每对单词之间的联系。

只有在你创造了自己的序列之后，你才会感觉到这个技巧的实用。你不必使用专利给出的例子，请创造出属于你自己的例子。你的联想越荒谬、越不现实、越夸张、越刺激感官，你的想象力就发挥得越好。你练习得越多，这个技巧就变得越容易，你最终运用起来也会得心应手。

这么重要的一个记忆法将大大提高你的回忆能力和记忆能力。

图 5.6 数字—韵律记忆法

练习 5

数字—韵律记忆法复习

作为最后的复习，检查一下你的记忆力到底提高了多少。

在下面的空白处，请你用“数字—韵律记忆法”写出每个数字的押韵关键词，并在关键词的旁边写下练习 4 中的相关词。

	押韵关键词	相关词
1		
2		
3		
4		
5		
6		
7		
8		
9		
10		

稍加练习之后，就可以用同样的方法一次记住全部 10 个单词。这些单词可以像衣服一样从衣架上取下来，也可以在衣架上挂上新的衣服。那些与数字相对应的单词必须是不变的，而且是在任何情况下都不可能忘记的——这样的词才能充当“押韵”关键词。

还有很多其他记忆法，其中包括“基本记忆法”，它可以使你以“数字—韵律记忆法”的方式记住 1000 条以上的信息，并且提出了记忆数字与日期的关键方法；还有“名字—面孔记忆法”，它能避免你在碰到曾经见过面的人时，因忘记对方的名字而感到尴尬。另一个方法是“数字—形状记忆法”，它用联想的形状作为记忆的触发器，记忆数字1~10，而不用押韵的单词。要想了解更多有关这些记忆法的信息，请参阅《博赞记忆术》。

经过本章的学习，你也许已经看出，记忆基本上是一个联想和联系的过程，而且在很大程度上取决于关键词和经过适当想象而来的关键概念。这些记忆技巧也确实行之有效——有时候好得简直让人难以置信。我下面给你一个案例来证明这一点。

成功案例："不可能完成"的任务

在瑞典的一个学校，老师给14岁的学生们布置了一项让他们难以完成的任务，要他们用一个晚上的时间尽可能记住世界各个国家及其首都的名称。这是他们通识教育的一个部分，包括历史和地理。

其中一个小孩子名叫拉斯·桑德伯格（Lars Sundberg），他是一个中等偏上的学生，由于他是一名少年网球选手，所以对于学习不是非常专注。

拉斯觉得那是一个非常麻烦的任务，于是他非常沮丧地回到家，并告诉了他的父亲托马斯（他是瑞典一家大型船运公司赛伦船运集团的经理），说他认为这是一个不公平且事实上不可能完成的任务。

拉斯的父亲曾经在公司内实行过大脑培训，并且邀请东尼·博赞给公司全体员工就《思维导图使用手册》一书的内容做过讲座。他还在公司内建立了一个"脑室"，公司的每一位员工都可以到那里去静思、创作思维导图、头脑风暴或举办任何与思维、学习和记忆有关的活动。

自从应用了从讲座上学来的知识之后，托马斯尤其深刻地体会到自己的记忆力在不断地提高。他甚至还以自己"智慧的头脑"打动客户，让客户深深地记住赛伦船运集团这个公司以及公司对客户的承诺。

这一切都发生在赛伦集团的总部所在地——瑞典的首都斯德哥尔摩。

托马斯开始热情地教儿子如何应用记忆技巧完成这项事实上并非很困难的任务。他们记忆城市名所用的方法是衣钩法和关联法，依靠的是数字—韵律法、数字—形状法和字母法，以及部分基本记忆法(参见《博赞记忆术》)。

结果，父子二人记住了所有的城市及其对应的国家名称，而且还包括它们的正确发音。

拉斯满脑子都是五彩缤纷的美妙图像和联想，这些图像和联想都与各个国家的地图有关。所以，他在记忆的时候，他看到的是与记忆系统中的关键图像词有关的城市，而且同时把这个城市放到其对应国家的正确地理位置上。除了学习这些首府城市之外，拉斯还学到了大量额外的知识，记住了这些国家在地球上的位置。这让他非常难忘，因为以前他总是对斯堪的纳维亚半岛以外的国家含混不清。

两周后，托马斯接到儿子学校校长打来的电话。校长说很遗憾地告诉他一个坏消息——他儿子作弊。校长解释说，在最近的一次地理测试中，全校其他学生最好的成绩为123分，而他儿子竟超过300分，这“证明”他儿子在作弊！

故事最后当然是皆大欢喜。拉斯教授他的同学们如何使用他们的记忆，就像他父亲教他的那样。

现在你已经理解了学习期间和学习后回忆的本质。你也已经练习过了本章所介绍的一些简便易用的基本记忆技巧，帮助你提高记忆力、激发想象力和联想的能力。

在下一章中，你将学习如何应用这些激励因素，提升你的创造力。

精力加入记忆产生无限的创造力：$E \mathrel{+\!\!\!\rightarrow} M = C^{\infty}$

记忆和创造力一直被认为是两种不同的认知能力。然而，在过去 40 年我对大脑、记忆和创造力的研究过程中，我越来越感觉这两者是不可分离的。我还研发了一个公式（参见图 6.1），显示了记忆与创造力之间的亲密关系。

图 6.1　记忆与创造力公式

你知道图中的符号代表什么吗?

记忆和创造力的基础都是想象和联想。因此，你在努力发展记忆力的同时，也会发展你的创造力，反之亦然。所以整个公式可以解释为：

精力加进记忆产生无限的创造力

你在练习或应用记忆技巧的时候，你同时也是在练习和提高你的创造力。

6.1 创新的驱动力是什么

创新是利用想象和联想在现有思想的基础上发展出新的思想、观念和解决方案。创新背后的驱动力是想象力。

创新需要经历想象的历程，把大脑带入之前所未经历的新领域。这些新的联想会生发新的意识，即人们所说的“创造性突破”。

> 很明显，记忆是利用想象和联想把过去的事情储存在大脑内恰当的地方，并且在现在重现过去的事情；而创新则是利用想象和联想把现在的思想植入未来，并且在未来的某一时间重现现在的思想。

富有创意地工作可以产生无数的想法，这些想法经过分析和评估，提炼出最优秀的创造性想法，然后再对这些最佳想法进行加工，使其变成“解决方案”和现实。此时，你就可以在这种创造性行为中收获这种创新的回报了，增加你宝贵的“智力资本”。

伟大的天才列奥纳多·达·芬奇（参见图6.2）说，要想有真正的创造力，你必须：

- 培养你的感觉；
- 学习科学的艺术；
- 学习艺术的科学；
- 认识到万事万物之间都在某种程度上存在着联系。

然后，你需要专注于把这种新的思维方式植入你的思考、学习和记忆方法中。

创新能够——也应该——应用于学习的各个方面。如果你必须遵守那些扼杀一切思想的行为规范和规章制度，那么创新会变得很艰难。创新只有在你寻求新的视角的时候才会出现，虽然你会感到焦虑，但很快你就会变得兴奋，获得一种解脱的感觉。

图6.2 列奥纳多·达·芬奇自画像

怎样才能做到这一点呢？应用那些在你努力付出时能给予你支持的技巧，直到它们成为你的第二天性。

练习 6

这个测试要挖掘你那更为发散的思维进程，它将带领你进入新的思维和表达的王国。

评分标准：如果下列叙述根本不符合你的情况，就打 0 分；如果非常符合你的情况，就打 10 分。

1	我喜欢画画、雕塑和使用 3D 透视画法。	得分：______
2	我喜欢跳不同节拍的舞蹈，喜欢听不同风格的音乐。	得分：______
3	我喜欢创意写作、诗歌和讲故事。	得分：______
4	我喜欢戏剧表演，包括喜剧、悲剧、滑稽剧和演小丑。	得分：______
5	我喜欢幽默和让人大笑。	得分：______
6	人们常常善意地说我疯疯癫癫、变化无常、“喜新厌旧”。	得分：______
7	我经常去观看戏剧，参观艺术展，欣赏音乐会和参加其他文化活动。	得分：______
8	我有一个丰富多彩的梦幻世界。	得分：______
9	我认为自己是一个特别有创造力的人。	得分：______
10	我喜欢做白日梦，而且是一个优秀的创意梦想家。	得分：______

得分表

1	2	3	4	5	6	7	8	9	10	总计

分析

得分为 50 分以上（含 50 分），说明你做得非常好。得分为 100 分，意味着你是一个创新天才！经常测试你的得分，看看你的得分有没有提高。

练习7

创造性智力

本测试依据的是美国心理学家E·保罗·托伦斯所做的有关创新思维的工作，你需要准备一支笔、一张纸和一只手表。

首先，想象一根橡皮筋（参见图6.3），然后在一张纸上写下你所能想起的用橡皮筋可能做的事情，时间为60秒。现在检查你的得分情况。

0~5	5~7	7~8	8~9	9~12	13~
你的大脑比你想象的要好。复习前面的章节，充分发挥你的想象力	一般。你的创造力训练太差、太少或方向有误。复习前面有关记忆的两章内容	做得好！此得分在平均之上。继续阅读，充分利用《思维导图使用手册》一书	特别优秀的创造力得分！继续前进，用不了多久你将进入天才的行列	你是一位创造力大师，很快就会获得国际声誉	天才水平！各种荣誉将会相继到来。普利策奖，甚至诺贝尔奖，都在等着你！这种智力会随着年龄的增加而提升

你想出了几件事情？正常的头脑都会想出0~8件——3或4属一般；9~12属良好；13~15属优秀；16或更高，相当于200分以上的智商。

图6.3　你用这东西能做什么

练习 8

创造性智力

现在写下你所能想起的橡皮筋所不能做的事情（即你认为它很不可能做的事情），时间还是 60 秒。尽量发挥自己的想象力。

这些练习说明了什么

以上橡皮筋测试所透露出的信息是，一般情况下，人们在练习 8（反面测试）中的得分比练习 7 中的得分高。其中的原因是，在我们的脑海里，某物不能发挥的作用是无限的，而实际能发挥的作用是非常有限的。

思考和写下了不能做的事情之后，试着看看你能用什么办法让它能做这些事情。

在做这种传统的练习时，人们发现：随着他们的进步，那些所不能做的事情最后都变成了可能做的事情。随着思维的进步，事物不能发挥的作用在逐渐减少，直至减少到零。换句话说，没有橡皮筋不能做的事情，或者说任何东西都是这样。因为，一旦大脑的创造力被点燃，恰当地运用它的能量和工具，它就能发现任何东西无限的作用，即任何事物的作用都是无穷的。随着负面可能性衰减至零，正面的可能性（起初是非常小的数字）就开始膨胀，直至扩展到无穷。

理论上来说，我们所做的就是把无穷符号（∞）放在一个恰当的位置，使其正好处于它所应该处于的那个相反的位置。列奥纳多·达·芬奇的创造性名言“万事万物之间都在某种程度上存在着联系”，确证了这一点。它还完全改变了人们看待问题与答案的观念。人们一般认为，理论上存在无数不可解决的问题，而只有相对少量的答案。但事实是，每个问题都有答案；而且如果人类的大脑得到正确的训练、被激活并且意识到自己的创造能力，那么就根本没有人类大脑所不能解决的问题。这就让我们生活在一个充满希望的世界，而不是一个从根本上就令人沮丧和无望的世界。

这里还需要说明一点，我们在过去一直把大脑看做是解决问题的机器。这个看法部分上是正确的，但我们把重点放错了地方。从根本上来说，大脑是一个寻求答案的机器。

如果你认为自己是一个解决问题的人，你强调的是问题。如果你认为自己是一个寻求答案的人，你强调的是答案。随你选吧！

6.2 创造性大脑

灵感迸发的那一刻，你在哪里？想出答案的那一刻，你在哪里？记忆的阀门被打开的那一刻，你在哪里？

把它们写到这里。

最常见的回答是：

- 一个人在大自然里；
- 慢跑或长跑之时；
- 在床上；
- 躺在海滩上；
- 在洗澡间或淋浴房；
- 在长距离飞行或旅行之时。

创造力在这些场景（参见图 6.4）迸发的原因是，我们在独处时无论是身体还是精神上都是放松的。做白日梦曾经被人看做禁忌之事，尤其是在课堂上被看做消极行为（也就是在学业上不受欢迎的行为），现在我们把它看做一种基本的创造力训练行为。如果你能够把普通的白日梦转变为现实，你说不定还会因此获得奥斯卡奖呢！

图 6.4　做白日梦时刻思维导图

相信白日梦的人

既然大家都爱做白日梦，那么普通的白日梦与成功人士或天才的白日梦有什么差异呢？你自己想一下。天才的大脑也像你一样一整天都在做白日梦，也像你一样喜欢做白日梦，但他们的大脑有一个重大的优势——天才努力去实现自己的梦想，使自己的梦想变为现实。你也必须这样做。

在每个领域内的创造性天才都毫无例外地做着同样的事情：他们做白日梦，然后努力使其成为现实。例如，托马斯·爱迪生的白日梦是要在夜晚永远地点亮这个世界。经过 6000 次实验，他实现了自己的白日梦。

6.3 创造一个创造性大脑

每个人都有一颗创造性大脑——我有，你也有。关键是让它发挥作用。然而，你是怎么做的呢？

我们已经注意到，只有在你协调利用大脑的左半球和右半球时，创造力才能得到最充分的发挥（参见2.2节）。有创造力的人会做许多事情，让他们的思维明显不同于未受训练或训练不够的思维。

创造力的要素包括：

- 想象
- 联想
- 思维敏捷的能力
- 求新的能力
- 灵活
- 批量生产的能力

这些要素可以很容易得到发展，就像我们身体上的肌肉一样。

6.3.1 想象

想象是大脑的发动机房，有创造力的人的想象力是非常发达的。

拓展想象力的一个主要途径就是积极地做白日梦。另外，要引导你的白日梦，从而使你像查尔斯·狄更斯写作时一样，创造你自己的故事。然后把那些白日梦变成现实。

6.3.2 联想

联想是创造性思维的另一个要素。这包括发现不同事物之间的联系的能力。

由于我们许多人所接受的都是线性训练（参见7.3节），所以我们许多人喜欢在预定的轨道上思考，因而一切联想都是预定好的，难免受到语法和语义的限制。创造性大脑能发现事物之间的联系，继而以那些新的联系作为思想的基础。

要促使自己发现事物之间的联系，一个很好的练习是，打个比方，想象一只青蛙与一艘宇宙飞船之间的相似点（参见图6.5）。

图6.5 青蛙与宇宙飞船之间有哪些相似点

许多人会说，青蛙与宇宙飞船之间没有任何联系。但是，花费一分钟时间，想一想，它们之间也许有些相似点。

你想到下面的相似点了吗？

- 青蛙和宇宙飞船都生活在两个环境里。

- 青蛙和宇宙飞船都有发射台。
- 青蛙和宇宙飞船都有大脑（控制室）。
- 青蛙和宇宙飞船都制造噪声。
- 青蛙和宇宙飞船都有为它们所制作的电视节目。
- 青蛙和宇宙飞船都能激发某种敬畏和惊叹。
- 青蛙和宇宙飞船都被科学家所研究。
- 青蛙和宇宙飞船都有感受器。
- 青蛙和宇宙飞船都有上有下。
- 青蛙和宇宙飞船都曾上过《国家地理》杂志的封面。

建立联系的能力，也就是联想能力，是创造性思维的一个重要因素。

6.3.3 思维敏捷的能力

这是创造力的另一个要素。有创造力的人思维都很敏捷。创造性大脑思维敏捷——甚至在做白日梦的时候也是如此，许多思维都很敏捷。

训练这一能力的一个简单方法，就是在一分钟内想象任何物体尽可能多的用途。每天都做这个练习，或者每周做上一两次。每次尽量想出更多的用途。这个练习加上白日梦，将为你的创造力箭袋中增添更多的箭。

6.3.4 求新的能力

求新是创造性大脑的另一个指示牌。创造力的有力证明就是，想出之前未曾被他人想过的想法，或者以稍微不同的方式被很少很少的人想过。

优秀的创造性大脑会想出新颖的想法，乐于寻求这些想法，还一定会找到这样的想法。这是因为，到目前为止，虽然人类大脑所产生的想法已有数十亿，但还远远不及（只有1%）下一代创造性大脑所要发现的想法。

6.3.5 灵活

灵活是创造力的另一个要素。它是一种从不同角度看待事物的能力。

“普通”大脑会以事物自身默认的方式看待事物，而且始终以那种固定的方式看待事物。例如观看足球比赛，人们总是从球迷的角度看待比赛。然而，一个有创造力的人还能从非球迷的视角看待比赛，而且还有可能为此写一个剧本、一首诗，或写几个笑话，从不同的角度“看”比赛。一个有创造力的人还可以从球的角度出发观看比赛，或者与球有关的靴子或球门，或者把球看做飞越比赛场地的海鸥。换句话说，创造性大脑训练自己从多个角度看待一切事物。

6.3.6 批量生产的能力

这是创造力的另一个要素——迅捷思维和快速产出。毕加索、莫扎特、莎士比亚（仅仅以这三个为例）都有无数的杰作从他们的大脑上下线。

6.3.7 付诸实践

以上提到的创造力要素都是完全可以训练的，而且非常符合大脑皮层的认知能力（参见2.2节）和多元智力（参见3.1节）。

有创造力的人总是把自己浸入多元智力和各种认知能力中，并且从中汲取能量。例如，如果在使用认知能力时，你只使用词语说话，那么你会是一个非常乏味、无聊的演讲者。但是，如果把这些词语与韵律结合起来使用，那么你将是一个非常具有创造力的演讲者。然后，如果把这些词语与韵律、图像和颜色结合起来使用，你将成为一个伟大的演讲家。

在第三部分中，我将向你介绍，关键词和关键图像可以变成创造力、记忆和解决问题的基本构件。还有，这将引致发散性思维的关联性爆发以及它在思维导图中的最终显现。再加上快速阅读这种搜索信息的能力，以及我独有的博赞有机学习技巧（BOST）这种数据收集能力，你将拥有一个全面整合的大脑友好系统，使你“启动大脑”！

思维导图不仅仅是一个方法论，更是一种**生活哲学**。它将带领你走向你所选择的**卓越**。

——墨西哥特克米兰尼奥大学校长

亚历杭德罗·克里斯特纳

第三部分

杰出头脑的基本“思维工具”

你记忆事实的能力如何？你担心回忆信息吗？你想更有创意地思考和表达自我吗？

本书的这一部分将向你讲解，如何使用关键词和关键图像，打破线性学习的约束，拥抱发散性思维，使用“大脑的瑞士军刀”——思维导图，快速阅读和充分发挥你的学习能力。这些都是“思维工具”，我现在就教你如何使用这些工具。

我所发明的技巧模仿大脑天生的思维方式，可以帮助你利用想象和联想存储信息和提取信息。最终，你将拥有一个动态的、有机的复习工具，一个自我时间管理工具和一个多维度的记忆术。然后你将充分发挥自己大脑的潜力。

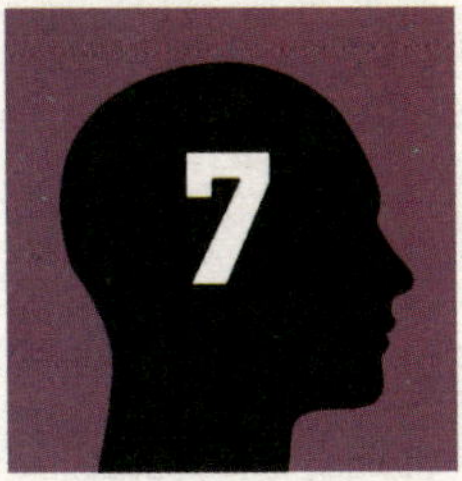

为什么关键词很重要

理解关键词的重要性是培养创造性思维和创造性问题解决能力的基础，它也是思维导图的基础（你将在下一章发现这一点）。下面的练习可以验证这一点，而且也解释了其中的原因。

练习 9

关键词

假设你的业余兴趣是读短篇小说，每天至少读 5 篇，而且坚持记笔记以防遗忘。再假设你为了记住整个故事，你用了卡片存档法，即每个故事用一张卡片标记标题与作者，一张卡片上标记段落，在每张段落卡片上记上重要和次重要的关键词或词组。这些关键词或词组，或者直接取自故事，或者由你自己总结，它们都能很好地概括整个故事。

再假设你的第 1 万个故事是拉甫卡迪沃·赫恩（Lafcadio Hearne）写的《草百灵》，并且你已准备了“标题与作者”卡。

现在请阅读下面的故事，这一练习的目的是让你用关键词或词组，在故事后的空白处写出前 5 段的重要或次重要内容。

草百灵

拉甫卡迪沃·赫恩

(1) 装他的笼子的确只有两日寸高（日寸，日本计量单位——译者注），一日寸半宽：那小小的、用枢轴转动开关的木门连我的小手指尖也放不下，但对他却有足够大的空间了。他可以随意地走一走，跳一跳或飞一飞。他真是太小了，你得很用心才能透过笼子褐色纱网的间隙看见他。我总是把笼子对着亮光反复地转来转去，最后好不容易才找到他的踪影。他通常都栖在笼顶的一角，头朝下，靠近纱网，紧贴着笼子。

(2) 想象一个普通蚊子大小的蟋蟀——长着一双比身体还长的触角，纤细得你只有对着光才能把它们分辨出来。Kusa Hibari 是他的日文名字，或叫“草百灵”。他在市场上卖 12 美分，也就是说，比跟他重量相同的金子还要贵得多。12 美分才买这么个蚊子般大小的东西！……

(3) 白天，他总是睡觉或一动不动地冥思苦想，间或忙着吃一片每天早上投进他笼子里的鲜茄子或嫩黄瓜……让他保持干净、吃得好是件令人头疼的事情。假如你看见他的话，你就会想：为这么个小不点儿煞费苦心，实在是荒唐！

(4) 但是到了黄昏，小小的他活跃起来：房间里满是他那娇嫩、幽灵般的歌声，带着难以言状的甜蜜，如最玲珑小巧的电铃般啼啭着、颤动着。夜色渐深，他的声音也变得更加悦耳——时而激昂，整个屋子振荡，满是小精灵的共鸣；时而细弱下去，像一根细得令人难以置信的细线。但是无论声音是高是低，总是那么神秘、那么令人着迷……整个晚上，小不点儿就这么唱着，直到黎明时分寺院的钟声敲响时方才罢休。

(5) 现在小东西唱着爱情之歌——那是对不曾看见也无从知晓的对象的爱。以他目前的状态，他不可能看见，也不可能知晓。即使是他那许多代以前的祖先，也无法知晓田间的夜生活或情感的价值。他们是卵生的，是在某个昆虫商人店中的黏土罐里被孵化出来的。随后，他们就一直生活在笼子里，唱着从上万年前祖先那里延承下来的歌，好像他能理解每个音符的意义。当然他没有学过唱歌，这只是一种“机体记忆”之歌——对其他无数生命体的深深的或模糊的回忆：那是在夜晚，他的幽魂在山间挂满露珠的草丛中高声尖叫之时唱的歌。然后那歌声给他带来了爱情和死亡。他完全忘记了死亡，只记住了爱情，因而他现在唱着——为了那永不会到来的新娘。

(6) 因而他的渴望只是一种无意识的回想：他对着往昔岁月的尘土喊叫，他向着沉默及天神们祈求时光的倒流……人世间的恋人也常常在不知不觉中做着同样的事情。他们把自己的幻觉称为理想：他们的理想，归根到底只是种族经历的反照、有机体回忆的幻影。现代生命与之几乎没有多大的关系……也许我们的小东西也有一个理想，至少有一个理想的雏形。但是无论怎样，小东西只能无望地表达他的哀怨。

(7) 这一切都不是我的错。我常告诫自己：这些小生灵一旦交配的话，他们就会停止歌唱并迅速地走向死亡。但是，夜复一夜，那哀怨、甜蜜而又得不到回应的啼啭深深地刺痛着我，如声声的指责始终挥之不去——最后又变成对我良心的鞭笞与折磨。我试图去买一只雌的，但季节已经太晚，再也没有草百灵卖了，无论是雄的还是雌的。那个卖昆虫的商人笑着对我说：“他会在阴历 9 月 20 日死去！”（而现在已经是阴历 10 月 2 日了）。但那个商人不知道我的书房里的炉子生得很好，房子里的温度总在华氏 70 度以上，因此我的草百灵在接近 11 月份时仍在歌唱。我希望三九天他仍能活着。当然，他的同辈们都可能已经死去了。现在，无论是用爱心还是钱，我都不能为他找回一个伴侣了。我很想放他出去，让他自己去寻找。然而，即使他白天有幸躲过花园里无数的天敌——蚂蚁、蜈蚣和可怕的土蜘蛛，也不可能活过一个晚上。

(8) 昨夜——阴历 11 月 29 日，当我坐在桌旁时，突然有一种奇异的感觉：房间里有一种空寂之感。于是我发现我的草百灵一反常态，沉默了。我走近那静悄悄的笼子，发现他躺在那儿——死了，旁边是石头般坚硬的干缩成一块的茄片。很显然，已经有三四天没有人喂他了。但就在他死的前一天晚上，他还唱得那么起劲，于是我愚蠢地认为他比往日更快乐。我的学生阿琦很喜欢昆虫，总是喂他。但阿崎到乡下度了一周假，因此照顾草百灵的任务就移交给女佣汉娜。她似乎没有什么仁慈心。她说，她并不是没有尽力，但没有多余的茄子，而她没有想起洋葱片或黄瓜片可以代替茄子！……我责备着汉娜，她恭顺地表达着她的悔恨。但那优美的音乐没有了——只有那无声的指责，房间冰冷一片，尽管炉子仍暖烘烘的。

(9) 多么荒唐！……我为了一个不到半个芝麻大的小虫，让一个好女孩难过！那小小生命的安息让我难以置信地难过……当然，一想到小生灵的欲求，即使那只是一只小小的蟋蟀的欲求，我就有一种难以置信的不舍，那种只有在关系破裂时才意识到的依恋之情。而且黑夜的静寂让我感慨万千，那迷人的细弱歌声，那只有在我不经意间想起或自私地享乐时，或热衷于神秘莫测的一切时才发现其存在的歌声告诉我，笼中的小东西的幽魂与我自己在这广袤的世界中永远合二为一……又想起他的饥渴，一天天，一夜夜，在梦中编织着当他的守护神！多么无畏啊，他一直唱着，直到生命的终结，而那是多么残忍的一种终结，因为他竟然吞食了自己的腿！……上帝饶恕我们，尤其是女佣汉娜！

(10) 毕竟，对一个以歌唱天赋来诅咒世界的生灵而言，饿极而自食其腿并不是最糟糕的事。世间有太多为唱歌而必须自食其心的蟋蟀人。

《草百灵》中表达要点、次要点的关键词或词组：

段落	要点	次要点
1		
2		
3		
4		
5		

以下是一个学生之前做这个练习时写的关键词与词组笔记。请将它们与你自己的笔记进行比较。

某学生摘录的关键词与词组

段落	要点	次要点
1	他的笼子	两日寸
	木门	转动
	纱网	足够大的空间
	小虫子	找到他的踪影
2	蟋蟀	草百灵
	重量相同的金子	12 美分
	触角	市场
	Kusa-hibari	蚊子般大小

▶

段落	要点	次要点
3	睡觉	嫩黄瓜
	干净、吃得好	煞费苦心
	忙着	冥思苦想
	荒唐	小
4	令人着迷	啼啭
	歌声	振荡
	电铃	令人着迷
	幽灵	黎明时分
5	爱情	夜生活
	情意	昆虫商人
	山	意义
	死亡	爱情和死亡

如果以班级为单位讨论的话，老师可以从每个部分里圈一个词做成下面的表。

老师圈选的关键词与词组

段落	要点	次要点
1	木门	找到他的踪影
2	重量相同的金子	市场
3	忙着	煞费苦心
4	令人着迷	黎明时分
5	爱情	夜生活

当要求学生依据上下文解释为什么选这些词或词组时，他们常回答说其中的原因包括“形象丰富”、“有想象力”、“描绘性强”、“贴切”、“易于记忆”、“容易唤起共鸣”等。

50 个人中，只有一个学生意识到：从上下文看，老师选出的这些词都具有灾难性意味。

要理解这一点，我们不妨想象一下：在看完这个故事的若干年后，你拿出卡片为的是回忆其故事情节。不妨再想象：某个朋友想逗你，抽出一张卡片，考考你是否还记得某个故事的作者与标题。你可能没法回答，因为你不知道卡片上指的是哪个故事，那么你只能依据卡片上提供的那些关键词的提示，试图找出相应的情节。

用老师选择的那些关键词，你可能会被迫这样把它们联系在一起：当你读到“找到他的踪影”时，“木门”这个普通的词语会获得一种神秘的故事气氛；随后的“重量相同的金子”和“市场”两个词语更强化了这种神秘的气氛，而且有种鬼鬼祟祟、进行犯罪活动的暗示。其后的“忙着”、“煞费苦心”和“令人着迷”三个关键词语会让你认为其中的某个人物，很可能他是一个英雄，身陷困境，加上“黎明时分”给人增添一份紧迫感，而这显然是故事中某个重要的、悬而未决的时刻的来临；最后的两个词“爱情”、“夜生活”给整个故事抹上一层浪漫与暧昧的色彩，促使你通过后面的关键词，查找更多的冒险与高潮！这样，你的头脑里可以构思出一个新鲜有趣的故事，但记不起原来的故事了。

这些似乎很不错的词语，不知什么原因却难以激起充分的回忆。为了究其原因，有必要讨论一下“记忆性关键词”与“创意性关键词”之间的差别，以及随着时间的流逝，它们相互作用的方式。能较好地勾起回忆的“记忆性”关键词应是这样的一些词：

较好的记忆性关键词

段落	要点	次要点
1	笼子	两日寸
2	蟋蟀	草百灵
3	睡觉	嫩黄瓜
4	歌声	屋子振荡
5	歌	情意

图 7.1 《草百灵》思维导图，由加利福尼亚州一个 13 岁的小姑娘所画，像爱德华·休斯一样，她也是一个被认为“普通”或“一般”的学生

如果我们明白大脑处理信息的方式，我们就会知道为什么这些词能较好地引发记忆。图 7.1 所示的思维导图不仅很好地总结了《草百灵》这个故事的内容，而且还反映了其中包含的思想情感。这个例子绝好地说明了：颜色、编码、形状和图像可以用来概括整个故事（有关思维导图的内容详见第 8 章）。

7.1 记忆性关键词与创意性关键词

记忆性关键词或词组是指集中了一系列特殊图像的词或词组，一经触发，即能令人回想起与之相同的图像。它们往往是一些意义明确、具体的名词或动词，有时可能被关键形容词或副词修饰（参见图 7.2）。

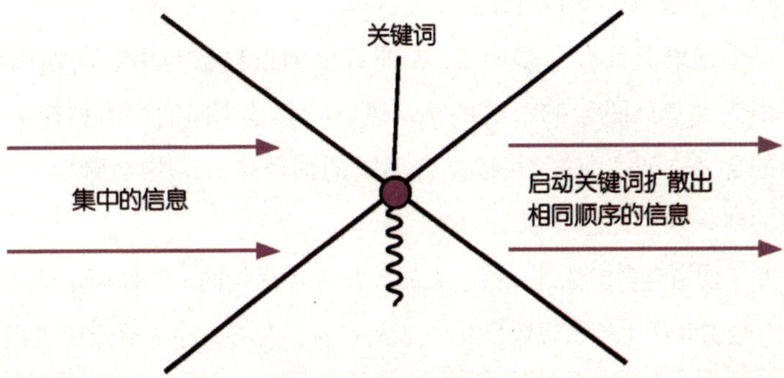

图 7.2 记忆性关键词图解

创意性关键词是指那些尤具唤发性、易于触发想象的词语，与有指示作用的记忆性关键词相比，它们的含义更广泛。如“渗出”、“怪诞”这样的一些词很具有唤发性，但却不一定能产生具体的图像（参见图 7.3）。

明确了创意性关键词与记忆性关键词之间的差别后，我们还必须了解词语本身的特性及使用词语的大脑的特性（关键词、关键图像与思维导图的关系详见 8.3 节）。

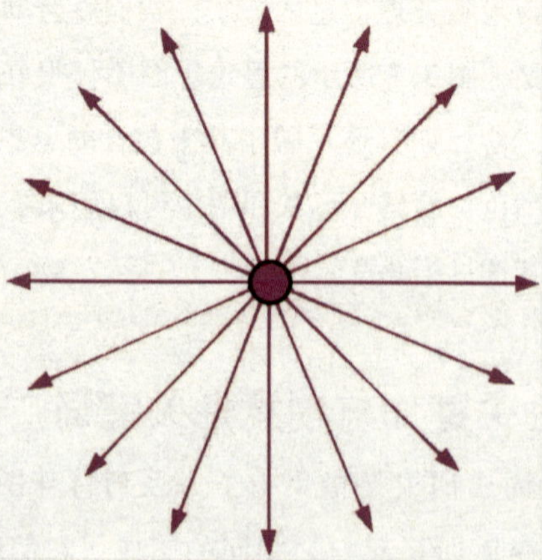

图 7.3　创意性关键词向各个方向发散联想

7.2　词语的多向性

每个词语都具有“多向性”，即每个词以自己为中心向四周伸出许多小钩（参见图 7.4）。这些小钩可以与其他不同的词语相连衍生出不同的含义。如“跑”，可以结合不同的词语构成“拼命跑”、“她口袋里的钱一点点地跑光了”。

除了词语有多向性外，每个人的大脑也不尽相同。正如第 1 章所讲述的，大脑瞬间产生的联想数目几乎是无限的。人与人的生活经历也很不相同（即便两个人一起成长，有共同的人生经历，他们仍是生活在两个世界的人：在一个事件中，A 唱主角；在另一个事件中，B 唱主角）。

同样的道理，对于同一个词语，两个人可能产生截然不同的联想，如“叶子”这么个简单的词语，听到或看到这个词的人，头脑中会有一系列不同的图像。一个酷爱绿色的人可能会想到碧绿的叶子；另一个偏爱褐色的人可能会想到秋季的美景；曾经从树上跌下来摔伤的人可能会闪过一丝恐惧；而一个园丁看见树叶生长时则会产生愉悦之感，或产生腐殖土和堆肥的念头等。我们可以无限地想下去，但即便如此，也不可能道尽所有读这本书的人对“叶子”的畅想。

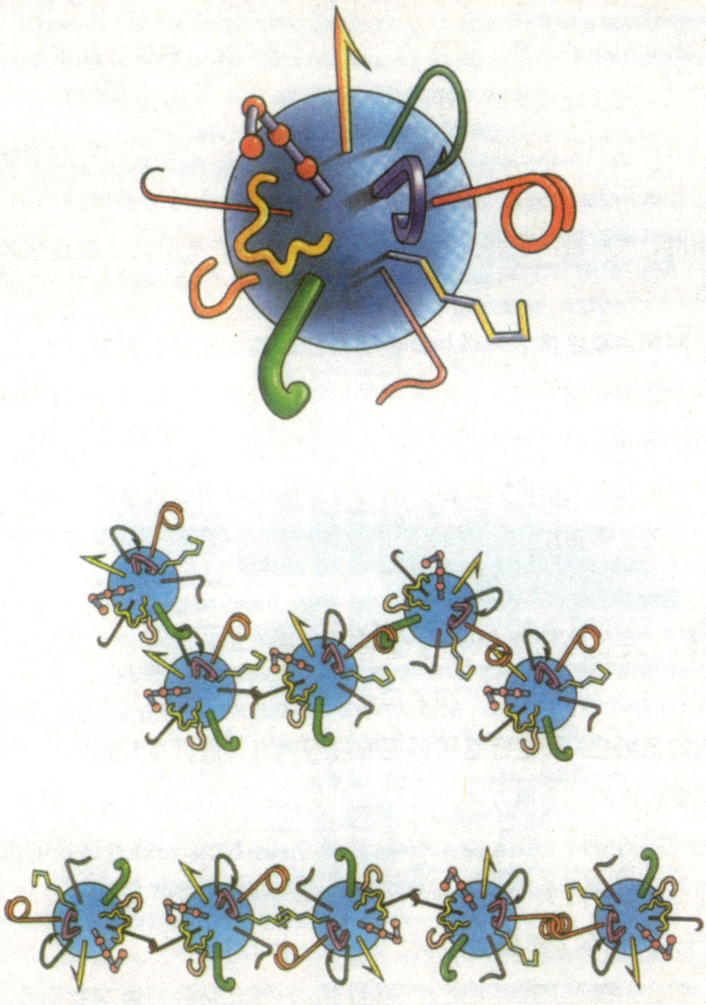

图 7.4　每个词语都具有多向性，即每个词都有许多小钩子（上图）。因为这个特性，大脑很容易跟着错误的联想走，尤其是跟着创意性词语所发散的联想走（中图）。但是，如果记忆性关键词使用得当，大脑就会做出正确的连接（下图）

大脑不仅在“看”个人形象方面有独特的方式，而且还具有创造性与自我组织的天性。它喜欢“给自己讲有趣、愉悦的故事”，正如我们白天或夜晚做梦时一样。

现在我们很清楚地看到，从《草百灵》中选取的那些一般化的词语为什么不能让你回想起原来的故事。当我们选择了多向性的词语或词组时，大脑自然会将连接的小钩子挂向那些最明显、最具想象力、最有意义的词语。

结果，顺着这个思路一直走下去，你的大脑就会更有创意地构思出一个新鲜有趣的故事，但不再是原来的故事了，这对于记忆是说不上有任何好处的。

而记忆性关键词则迫使大脑沿着明确的方向合理联想，使人们将已遗忘的故事重现。

7.3 关键概念总览:重构笔记

人们记忆的主体是某些关键概念特征的组合。它并不是人们通常认为的记忆是一种逐字逐句再现的过程。当人们讲述看过的一本书或描述曾去过的一个地方时，他们并不是在记忆中重现一切，而是用一些关键的词概括主要人物、环境、情节，并且增添一些描述性的细节。同样地，单个的关键词或词组也会激发全部的经历与感受，如看到“孩子”这个词，想想会有哪些图像进入你的头脑。

那么，接受上述“记忆性关键词”的概念是否会影响我们今后笔记的结构呢？

我们往往都太习惯“说出”和“记录”完整的语句，以至于认为这种句子结构是记忆言语形象和思想的最佳方式。因而大部分学生，即使是研究生，都习惯于用标准文体的样式记笔记，正如图 7.5 中这位大学生的笔记（我的!）一样，教授把它评定为“优秀”。

在那时，我认为我很擅长记笔记；但是，如果你要是看看这些笔记，你就会意识到很难从中摘取出信息。从传统笔记的角度讲，它们似乎“很整洁”；但从大脑能否提取出有用信息的角度讲，它们很乱。这样的笔记与“大脑友好”相反——它们对大脑很不友好。

事实上，那时候我正是这样整理笔记的，于是我的学业成绩也变得越来越差，这也是我开发思维导图的其中一个诱因。

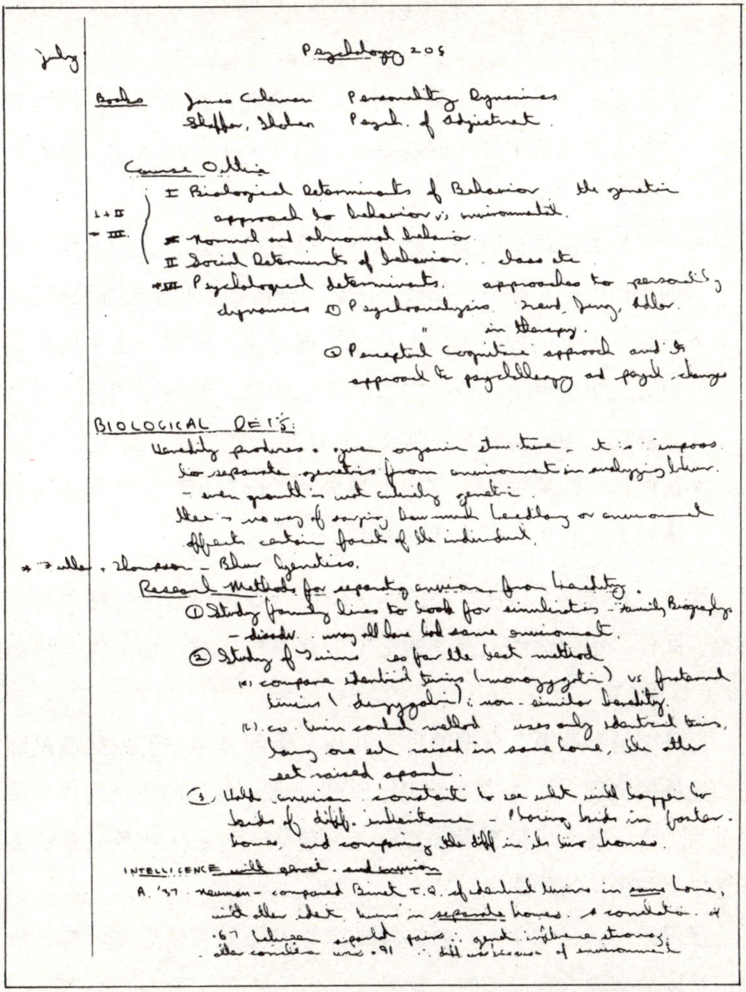

图 7.5　大学生传统的“好”笔记范例（这是我的笔记!）

我们刚学过的关键概念与记忆的新知识告诉我们，这种笔记中，90%以上的词语于记忆无益。如果再看看以这种句子结构记录的笔记，就会发现其造成的时间浪费是多么地惊人。

- 花在记录那些于记忆无益的词语上的时间消耗（约占全部记忆词语所花费时间的90%）。
- 重读那些无意义的词语的时间浪费（约占全部重读词语时间的90%）。
- 花在反复搜寻记忆性关键词的时间消耗也相当惊人。因为在大多数人的笔记中这些词混杂在与记忆无关的词语中，没有任何标记以示区别。
- 记忆性关键词被分离，相互间的联系被打断。我们知道，记忆的工作方式是联想，那些非记忆性词语的干扰会破坏联想。
- 记忆性关键词被插入的无意义的词分离，读完一个关键词或词组后，至少得花几秒钟去看插入的词语，然后才能转入下一个关键词，中间间隔时间越长，产生恰当联想的可能性就越小。
- 这些记忆性关键词在空间上被分离，同样地，这些词语间的距离越大，联想的可能性就越小。

因此，我建议大家从过去的笔记中练习如何挑选记忆性关键词或词组。同样，用记忆性关键词的笔记方式总结本章，也是大有裨益的(参见图9.7)。

另外，请参照第5章中的有关知识，重新考虑一下记忆性关键词与创意性关键词，尤其是关于记忆原则的那一部分内容。同样，请参照本章内容重新考虑第5章，着重考虑记忆法与记忆性及创意性关键概念之间的关系与相同点。

复习图（参见图4.8）也是需要你考虑的另一项重要内容。如果笔记是以关键词方式记录的，复习将很容易进行，耗时少且记得深刻、全面，任何薄弱环节都能及时加固。

最后要提醒的是，记忆性关键词与关键概念之间的联系要注意强化，避免简单的排列、堆砌。

本章中介绍的记忆性关键词连接及模式是思维导图技术的先导。在下一章中，我们将进一步探讨关键词和关键图像的连接及模式。我们还将介绍发散性思维，以及如何用大脑的终极思维工具——思维导图——把一切整合在一起。

思维导图结合了你在本章及第 5 章所学的主要原则，是对想象和联想的彰显。

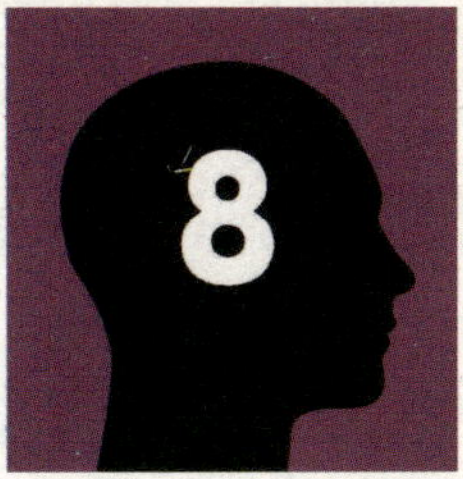

思维导图与发散性思维概述

这一章将深入挖掘大脑的非线性特征，然后继续解释思维导图是怎样刺激全脑思维和发散性思维的。继而全面介绍制作思维导图的理论和方法。是思维导图促使我写成了《思维导图使用手册》一书！

8.1 什么是思维导图

思维导图是以图解的形式和网状的结构，用于储存、组织、优化和输出信息的思维工具。如前所述，它被称为“大脑的瑞士军刀”。

思维导图的创作过程模仿的是大脑连接和加工信息的方式。你可以用关键词和关键图像在纸张或屏幕（用 iMindMap 软件，详见 www.thinkbuzan.com）上创作思维导图；这些关键词和关键图像都可以“抓拍”具体的记忆和激发新的想法。思维导图中的这些记忆触发器都是开启事实、思想和信息的关键，也是释放大脑真正潜力的关键。

思维导图之所以有效，是因为它动态的形状和形式。它模仿了显微镜下的脑细胞，目的是促使大脑快速、高效、自然地工作。

我们每次看到的叶脉或树枝，其实就是大自然的“思维导图”，反映的是脑细胞的形状，以及我们自身被创造和连接的方式。像我们一样，自然界也是在不断变化和更新的，也有一个类似我们的沟通结构。思维导图是一个自然的思维工具，它利用的就是这些自然结构的灵感和效率。

思维导图特别适用于高效的阅读、复习、笔记和计划。它对收集和整理信息特别有用，可以帮助你识别下列各类资料中的关键词和关键事实：

- 参考书、教科书、报纸、期刊、互联网。
- 研讨会、讨论会、演讲、会晤。
- 你自己的大脑。

思维导图可以帮助你高效地管理信息，增加个人成功的概率。

在我讲解如何准备和制作思维导图之前，你需要了解一些有关大脑思维方式的重要事实，这与思维导图的结构有着直接的关系。首先，试着做做下面的练习。

练习 10

太空旅行

在读完下面的说明文字之后，请拿出一张纸，以“太空旅行”为题迅速地草拟一个半小时的演讲稿。

无论完成与否，时间不要超过 5 分钟。同时，请写下草拟过程中在组织思路方面遇到的任何问题。这个练习在本章的随后部分将作为参考。

8.2 线性的束缚

在过去的几百年里，人们普遍认为：人的思维活动是以直线或列表的方式进行的。产生这种想法的根本原因是人们越来越依赖两种主要的交流方式——言语与文字。

在言语交流过程中，由于受时间与空间的限制，我们不能同时既“说”又“听”某个词，因此人与人之间的交谈被看做是线性的，或像直线一样进行（参见图8.1）。

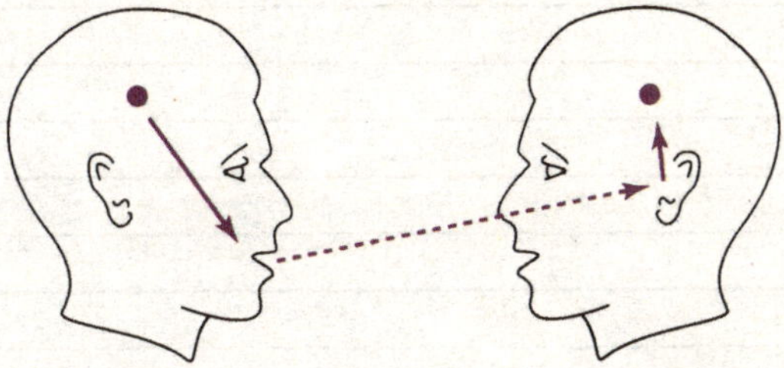

图8.1　传统上认为言语交流是以类似列表的形式进行的

文字的印刷书写更被认为是线性的。人们不得不按照印刷单元以连贯的方式阅读，因为文字是以一行行的形式排列在纸张上的。

这种线性论泛滥于一般性写作与记笔记的过程中，并一再被强调。在学校，过去（现在亦是）每个人几乎都被训练成以句子或一行行排列词语的方式记笔记（参见图8.2a和图8.2b）。事实上，像大多数其他读者一样，你很可能以这两种方式的其中一种在准备你的半小时演讲稿。

人们接受这种思维方式的时日已十分长久，结果就很少有人反驳其正确性。然而，仔细想想——自然界的哪些东西是绝对呈直线的？人类的生理与智力也是如此。我们天生是不会以直线的形式去思考的，那么我们究竟为什么要以直线、水平线、对角线和垂线的方式阅读或书写呢？

最新的一些事实与证据表明人类的思维是多维度的，形式也是多样的。因此，人们对言语与文字交流方式的认识肯定存在一些根本性的错误。

那些根据语言交流的方式而认为大脑同样是以直线方式思维的人，正如智商测试绝对性的支持者一样，不能正确地认识大脑这个有机体的特性。他们很容易误认为语言从一个人传递给另一个人必然是以直线方式传送的，但事实并非如此。更关键的是，当人们在说话和接收词语时，大脑内部是如何处理这些语言的呢？

图 8.2a　正常线性结构——以完整句子为基础

图 8.2b　标准列表结构——以重要性的先后为基础

答案是：大脑绝对不是以简单的直线或列表的方式进行思维的。想想自己与人说话时的思考过程就可以验证这一点。你会发现，尽管你说出的只是一句简单的话，但在说的过程中，你的头脑中却进行着一系列连续而复杂的语言筛选过程。为了向听者传达某个意思，你需要把词语与思想组织成相互关联的一个整体。

同样，听者也不是像人们吸面条那样，只简单地注意一行行长长的词句。他在接收每个词语时，会注意其上下文，同时会按自己处理信息的方式给每个多向性的词语以多种有浓厚个人色彩的诠释。在整个过程中他会进行分析、编码和评判（参见图 8.3）。

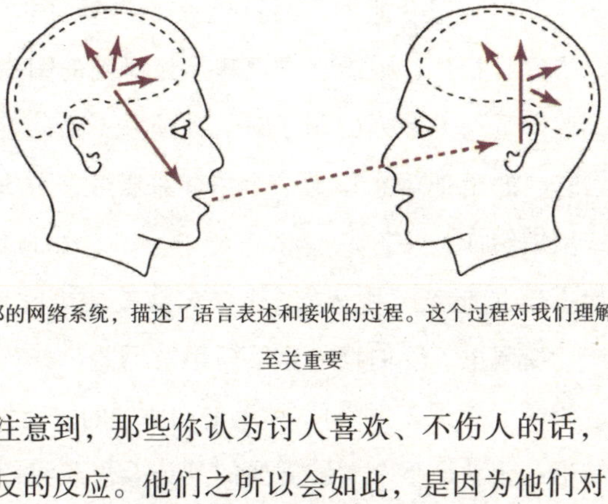

图 8.3　大脑内部的网络系统，描述了语言表述和接收的过程。这个过程对我们理解大脑的工作方式至关重要

你可能注意到，那些你认为讨人喜欢、不伤人的话，别人却可能突然做出相反的反应。他们之所以会如此，是因为他们对这些话的联想与你的不同。明白了这一点你就会理解言语交流的特性及为什么会产生误解与争执。

认为大脑处理印刷文字是线性的论断也是站不住脚的。尽管因为我们被训练成一个接一个地读取以线性方式呈现的信息群，所以我们也是以直线来书写和记笔记的；但以线性方式理解是不必要的，而且在很多情况下是有害的。

大脑有很好的非线性吸收信息能力。而且在日常生活中，它无时无刻不是这样进行的。留意一下周围的很多东西，包括一些普遍的、非线性印刷品：照片、插图、图解等。正是我们这个社会对于线性信息的无限信赖，使我们模糊了对问题实质的认识。线性思维的缺陷是，它需要花费很长时间才能触到问题的核心，而且在这个过程中，你会说、读或听许多不是长期记忆所必需的信息。

线性思维与全脑思维

最近的生物化学、生理学及心理学的研究也进一步证实了大脑的非线性特征。每个研究领域的发现都令人震惊，并一致指出：大脑不仅是非线性的，而且是非常复杂地相互关联着的，它值得人们花几个世纪的时间去进行这项令人兴奋的研究与探索。

大脑是多维度的，完全能够，而且就是专门吸收非线性信息的。它始终如此；当你看相片、图画，或理解每天碰到的图像和周围环境时，它都是如此。听到一系列的句子时，大脑并不是一字一字、一行一行地吸收信息，而是把信息作为一个整体来吸收、分类、理解，并且以多种方式反馈给你。

所以，如果信息能被“吸入”，那么大脑就能更好地处理信息。再想一想罗杰·斯佩里、罗伯特·奥恩斯坦及厄兰·柴德尔对左右大脑皮层所做的研究（参见2.2节）。单单他们所做的研究就能让任何人得出这样的结论：能满足整个大脑需要的笔记及思维组织技巧，应该不仅包括词语、数字、顺序及线性，而且还应该包含色彩、维度、视觉、节奏、空间意识等——换句话说，就是思维导图。

不论从哪个角度考虑这个问题，无论是根据单词与信息的特性、学习期间回忆的功能、大脑的全息模式，还是根据最近的大脑研究，最后都会得出同一个结论——为了充分地运用大脑，我们必须考虑构成整体的各个要素，并以统一的方式将其整合起来。也就是，要结合左右大脑皮层的功能，创造全脑思维（整体思维正是博赞有机学习技巧的前提，参见第12章）。

8.3 关键词和关键图像

这里的“关键”一词的意思不仅仅指“重要”。它放在“词”和“图像”之前，还表明这是一个“记忆的关键”。关键词或关键图像是刺激大脑和开启记忆之门的一个至关重要的激发器。你听到一个词语的时候，都会把它放在现有知识和其周围文字的背景下来考虑。你不必听完所有的句子，就可以做出反应。因此，关键词是大脑这一多维数据分选器的“指示牌”或“触发装置”。

关键词是挑选出来或创造出来的特殊词语，它是你希望记住的重要事物的独特参照点。词语刺激的是你大脑的左半球，是掌握记忆的重要因素，但它们没有关键图像力量强大（如果你肯花费时间把词语转化为图像的话）。一个有效的关键图像会刺激大脑的两个半球，而且会调动你的各种感官。关键图像是思维导图和博赞有机学习技巧的核心。

下面举一个简单的例子来说明关键词和关键图像对记忆的帮助。

- 当试图找到一个图像来概括环境用水和环境废物管理的概念，以及水资源短缺的问题时，你可能会选择词语“水龙头”。
- 作为一个关键词，“水龙头”会激发你左脑的分析型记忆。
- 画一个水龙头的图片，再配以一滴水从中滴出来，你就创造了一个关键图像，这将激发你右脑的视觉记忆。
- 这幅图片将成为一个视觉激发器，它不仅代表书写的词语，而且代表水资源和废物管理，好比是一家企业，禁用软管、水管漏水和蓄水池储水量下降。

词语“水龙头”本身不足以激发你对水能研究的所有回忆，因为它没有动用你的整个大脑。作为一个句子的词语也不会激发所有的经验，因为句子会限制思维。把关键词转化为关键图像的目的就是把左脑和右脑的功能结合起来。这一结合将发散联系，并且激发对全部相关信息的回忆。

因此关键词及其上下文是非常重要的记忆触发器，而大脑内部的网络对于理解关键词才是非常重要的。

要想理解关键词在思维导图这个框架内的重要作用，你需要知道发散性思维与基本分类概念这两个原则。

8.4 发散性思维

要想理解思维导图之所以有效的原因，你有必要进一步了解大脑思考和记忆信息的方式。正如我们前面解释的那样，大脑不是以线性和单一的方式思考的，而是以关键词和关键图像为中心触发点，朝着多个方向同时思考的，这也就是我们所说的发散性思维。

正如这个术语本身所暗示的那样，思维就像树枝、叶脉一样向外发散，或者像源自心脏的血管一样向外延展。同样，思维导图起始于一个中心概念，向外发散，接收细节信息，如实地反映大脑的活动。

你记录信息的方式越接近大脑的自然工作方式，你的大脑就越能够高效地回忆起重要的事实和激发个人的记忆。为了说明这一点，我们不妨来做下面的一个练习。

练习 11

发散性思维

大部分人都认为大脑是通过语言思考的。我现在要求你从大脑这个巨大的数据库中搜寻一条信息。你事先没有时间考虑。一旦你搜寻到了下面的一条信息，我要你考虑下面的问题。

- 你搜寻到的是什么？
- 你花费了多长的时间才搜寻到？
- 有颜色吗？
- 围绕这条信息的联想是什么？

这条信息就是：香蕉。

当你“听到”这个词语时，你可能就会看到黄色、褐色或绿色——视香蕉的成熟情况而定。你可能看到它弯曲的形状。你可能会联想到一种水果色拉、早餐麦片或奶昔的图像。好像是从天上掉下来一样，这个图像立刻就出现了，而你不可能花费任何时间看这个词语的构成。这个图像已经储存在你的大脑里了；你只需要激发它，把它释放出来。

我们从这个练习中明白了一点，即我们主要通过图像思考。词语是在我们的大脑之间负载基本图像的附属物。另外，无论性别、地位或国籍如何，每个人都能使用发散性思维把关键词与关键图像联系起来——瞬间联系起来。这一进程是我们思维的基础，也是思维导图的基础。实际上，思维导图设计的初衷就是要促进和提高你的发散性思维进程。

8.5 基本分类概念

思维导图各个概念的组合需要有一个结构。

创建思维导图的第一步是确定你的基本分类概念（Basic Ordering Ideas）。基本分类概念就像是“钩子”，在上面可以挂所有相关的概念（就像是教材章节的标题一样，代表那几页书的主题内容）。基本分类概念是思想的章节标题：代表最简单、最明显的各类信息的词语或图像。这些词语可以自动诱导你的大脑去考虑最大数量的联想。

如果你不确定自己的基本分类概念应该是什么，那么就问自己下面一些简单的问题，它们都与你的主要目标或愿景有关：

- 实现我的目标需要什么样的知识？
- 如果这是一本书，那么它的章节标题应该是什么？
- 我的具体目标是什么？
- 在这一主题范围内，七个最重要的门类是什么？
- 对于我最基本的七个问题（为什么？什么？哪里？谁？如何？

哪个？什么时候？)，答案是什么？

- 是否可以用一个更大的分类更恰当地概括这一切？

例如，一个生活计划的思维导图可能要包含下列一些有用的“基本分类概念”类别：

- 个人经历：过去，现在，未来
- 优点
- 弱点
- 喜欢
- 反感
- 长期目标
- 家庭
- 朋友
- 成就
- 兴趣爱好
- 情感
- 工作
- 家庭
- 责任

考虑周全的基本分类概念的好处有：

- 主要的概念都被放在了适当的位置，那么次要的概念就可以轻松地跟上、自然地流动。
- 基本分类概念有助于形成、整理和构造思维导图，从而促进大脑自然和有序地思考。

开始绘制思维导图之前，你在确定第一批基本分类概念的时候，其他的概念也会连续不断地涌现。下面我们将介绍如何用思维导图来做之前你做过的有关“太空旅行”的练习10，以及如何用思维导图构建你的简历，目的是帮助你测验一下你是否能够应用基本分类概念，以及你是否习惯于自觉地用图像和颜色思维。

8.6 大脑与思维导图

如果大脑想高效地与信息连接，那么，这些信息必须尽量以易于“吸入”的方式进行组织。由此可见，如果大脑本质上是用关键概念以相互关联与综合的方式思维的，那么我们的笔记与词语关系在很多情况下也应该按上述方式进行组织，而不是呈传统的“线性”结构。

不要从上到下写好多句子或列表，而要从中心主题向外发散，就像是中心主题的一般形式和各个思想在发号施令一样。

回到你前面做过的练习 10，图 8.4 是用思维导图做这道练习的一个范例（这个思维导图是世界思维导图锦标赛冠军得主菲尔·钱伯斯用 iMindMap 软件创作的）。

与你在本章之始做的练习相比，你现在可以看出思维导图较线性笔记的诸多优势：

- 主要内容被放在中心位置，明确、突出。
- 每个观点的重要程度也清楚地标出，越重要的观点越靠近中心，越不重要的越靠近边缘。
- 关键词之间的联系根据贴近程度与连接方式极易辨认。
- 由于以上原因，记忆与复习更快捷。
- 这种结构使新信息的补充更为方便，不会因为增删而引起混乱。
- 每幅图的制作各不相同，各有特色，便于记忆。
- 为了使做笔记、准备论文等更具有创造性，思维导图的开放式结构使大脑能更方便地进行新的连接。

为了将上述这些观点，特别是最后一条联系起来，你现在应该做一个与本章开头“太空旅行”相类似的练习。但这一次要用思维导图法而非线性法去做。你可以尝试简单的“事务清单”练习，或更详尽的个人简历或工作经历头脑风暴。下一章会提供这样的范例，它将教会你如何一步步地创作思维导图。

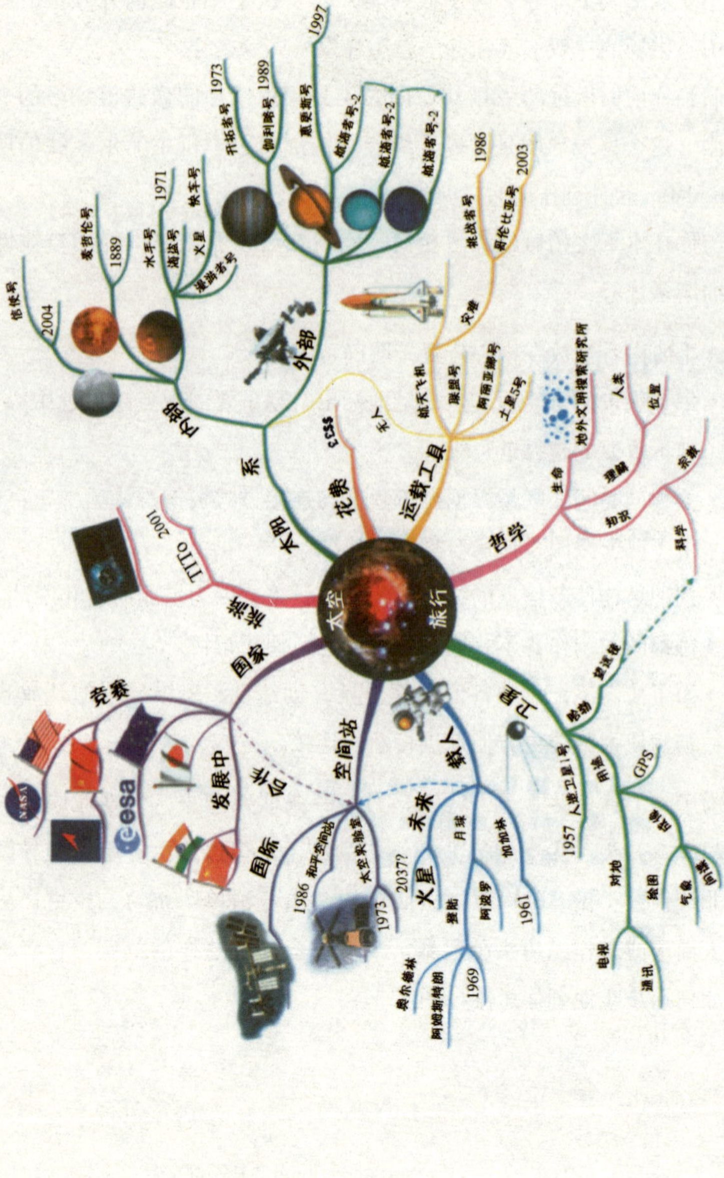

图 8.4 围绕一个中心主题（此例为“太空旅行”）画的最初想法的思维导图

如何创作思维导图

在这一章里，我将教你如何手绘思维导图［至于如何用计算机思维导图软件 iMindMap 绘制思维导图，详见《思维导图宝典》一书，并可访问 www.thinkbuzan.com，点击“Products”（产品）下拉式菜单］。

下面是你需要遵循的步骤。

1 聚焦于核心的问题、精确的主题（例如要做的事务或平衡工作与生活）。明确你的目标或你想要解决的问题。

2 把第一张纸横向放在你的面前（风景画风格），目的是能在纸的中央绘制思维导图。这可以让你自由地表达，不受纸面狭隘空间的限制（即纵向的肖像画风格）。

3 在空白纸的中央画一个图像代表你的目标。不要担心自己画不好，这没关系。用图像作为思维导图的起点很重要，因为图像可以激发你的想象力，启动你的思维。

4 从一开始就使用颜色——为的是强调、构造、结构、创造力——刺激视觉流动和强化图像在头脑中的印象。至少要使用三种颜色，而且要创制出自己的颜色编码系统。颜色可以分层次使用，也可以分主题使用，也可以用于强调某些要点。

5 现在画一些从图像中央向外发散的粗线条。这些线条是思维导图的主分支，就像粗大的树枝一样，它们将支撑你的基本分类概念。一定要把这些主要的分支与中央图像牢牢地连接在一起，因为你的大脑以及记忆是靠联想来工作的。

6 使用弯曲的线条，因为它们看上去比直线更有趣味，也更容易被大脑记住。

7 在每个分支上写一个与主题相关的关键词。这些是你的主要思想（和你的基本分类概念），与主题相关，例如情形、情感、事实、选择等。记住，每条线上只写一个关键词，这样可以使你明确你要探讨问题的本质，而且还可以使联想更加突出地存入你的大脑。词组和句子会限制你的思维，使记忆混乱。

8 在思维导图上添加一些空白分支。这会刺激和诱发你的大脑在上面放一些东西。

9 接下来，为你相关的次要想法绘制二级和三级分支。二级分支与主分支相连接，三级分支与二级分支相连接，以此类推。在这一过程中，联想非常重要。你为每个分支选择的词语可能包括如下问题的主题：谁、什么、哪里、为什么、题目或情形如何。

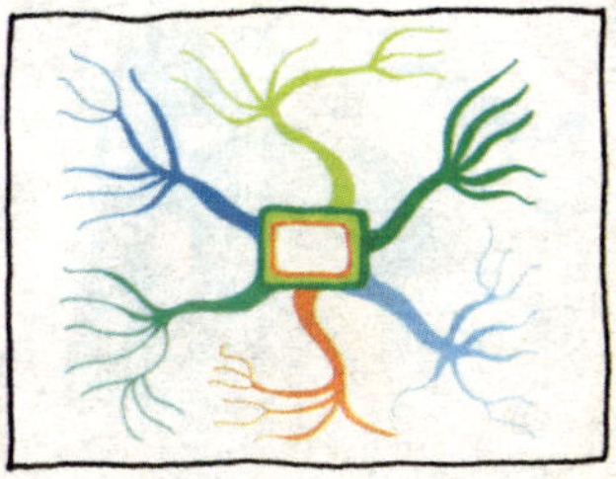

练习 12

创作你自己的思维导图

现在你已经掌握了思维导图的基本技能，你可以创作自己的思维导图了。应用思维导图的自然法则（参见下文的“思维导图——自然法则”），模仿图 9.1 和图 9.2 的风格（不是内容），制作你自己的思维导图个人简历。

现在就开始做这个练习。

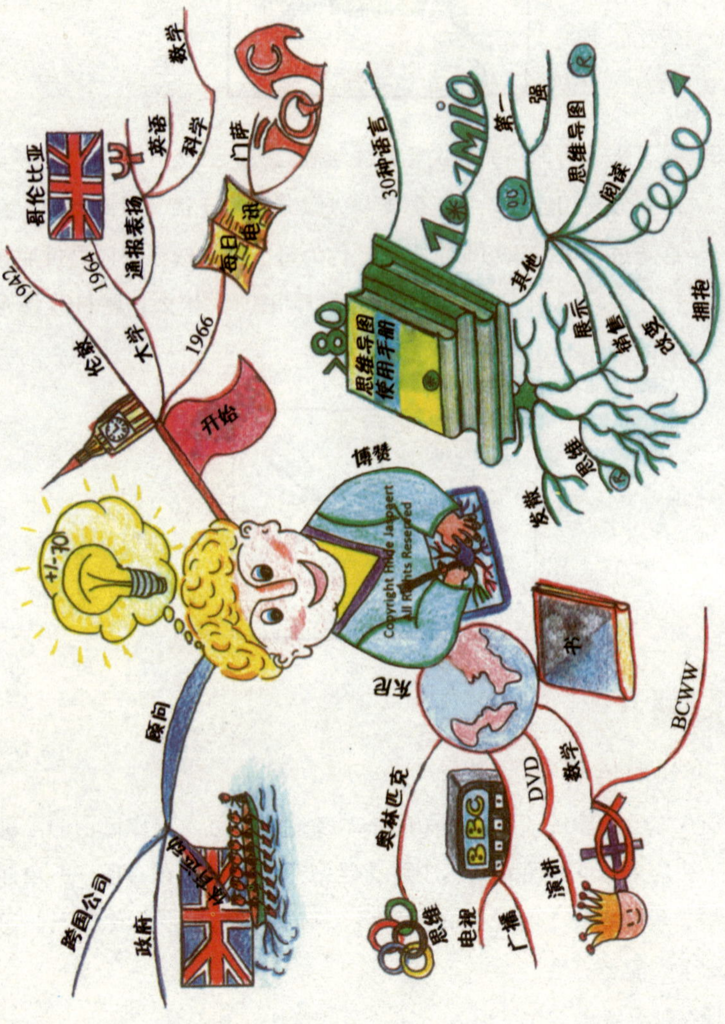

图 9.1 我手绘的一份个人简历思维导图

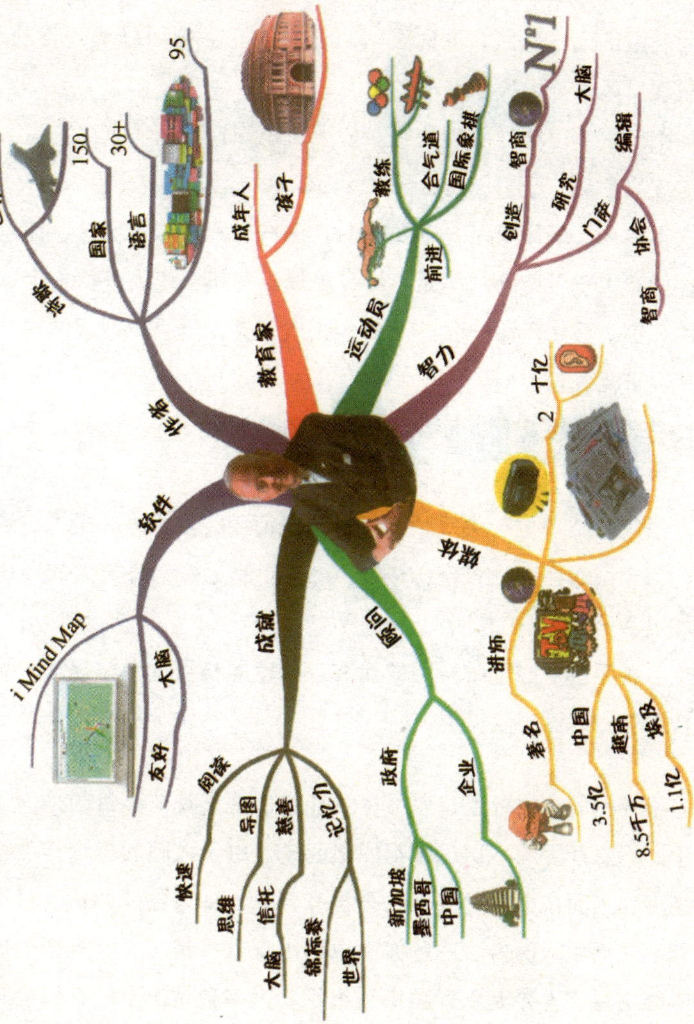

图 9.2 这是用 iMindMap 软件绘制的我的个人简历思维导图，展示思维导图的众多风格

思维导图——自然法则

- 在纸的中央画一幅彩色的图像。“一图值千言”，而且图像不仅能刺激创意性思维，同时还可以强化记忆。把纸张横向摆放，呈现出风景画的风格。
- 让图像贯穿思维导图的始终。如上所说，这种做法可以刺激大脑皮层活动，吸引你的眼球，从而促进记忆。
- 文字要用印刷体书写，不要连写。这样有利于以后阅读，印刷体能给人一种图画的美感，而且更清晰可辨，让人获得更全面的反馈。虽然用印刷体书写会多花点工夫，但回头阅读的时候便会节省大量时间。
- 词语要写在线条上，每条线都要与其他的线相连。这样就保证了思维导图的基本框架结构。
- 词语应以“单位”书写，也就是说，每条线上要写一个词。这样每个词语都有更多空闲的“钩子”，使记笔记有更大的自由和灵活度。
- 用各种颜色贯穿思维导图的始终，颜色同样可以强化记忆，愉悦眼球，刺激大脑皮层。

思维导图的结构可以让思维尽可能自由地发挥。其目的是为了将围绕中心思想产生的一切思维都回忆起来。由于大脑的思维速度快于书写速度，因而在书写时应该几乎没有停顿。如果停顿的话，只会让你留意笔在纸面上颤抖。一旦你注意到出现这种情况，就重新把笔放好，继续书写。不要太介意顺序与组织，大多数情况下，它们会自成体系。即使没有，也可在练习结束时再进行调整。

由此可见，思维导图可以消除普通笔记的一切弊端（参见7.3节）。

9.1 解决思维导图创作的常见问题

在第8章所做的那个“太空旅行”的练习中，常出现的问题有：

- 顺序
- 逻辑层次
- 开始
- 结束
- 组织
- 时间分布
- 观点的强调
- 思维阻滞

之所以出现这样一些问题，是因为人们试图一个接一个地选择主题与主要观点，并按顺序将其进行排列。他们在没有全面考虑所有的信息之前就想把它们排序，当然会引起混乱和出现以上的问题；因为在前几个条目之后出现的新信息可能会突然改变一个人对主题的整体看法。如果用线性结构，新信息的出现就会破坏整体思路。然而用思维导图形式，新信息只是全部过程中的一部分，可以直接处理。

列表法的另一缺陷是，它与大脑的工作方式相悖。每次有了一个观点后，就被排入行列中，然后在寻找新观点的时候原来的观点则被遗忘了。这就意味着每个词语的多向性和联想性被切断或受到束缚，而思维总是在漫无边际地搜寻另一个新观点。假若用思维导图的方式，那么各个观点都是开放的，互不影响。这样，思维导图就能有机地扩展，而不会受到什么限制。

9.2 思维导图举例

如果你将自己的思维导图与这3个孩子的加以比较的话，你可能会觉得很有意思（参见图9.3、图9.4和图9.5）。

图9.3是一个14岁男孩的普通笔记，人们常说他很聪明，只是思路总是显得很繁杂，缺乏系统性。他的线性笔记代表了他“最好的笔记”，也说明了为什么人们会那样评价他。他在10分钟内以“英语”为主题画的思维导图，说明他并不像人们认为的那样思路混乱。这个

例子告诉我们，正是由于我们用错误的方式要求孩子表达思想，所以我们才会错误地判断孩子的能力。

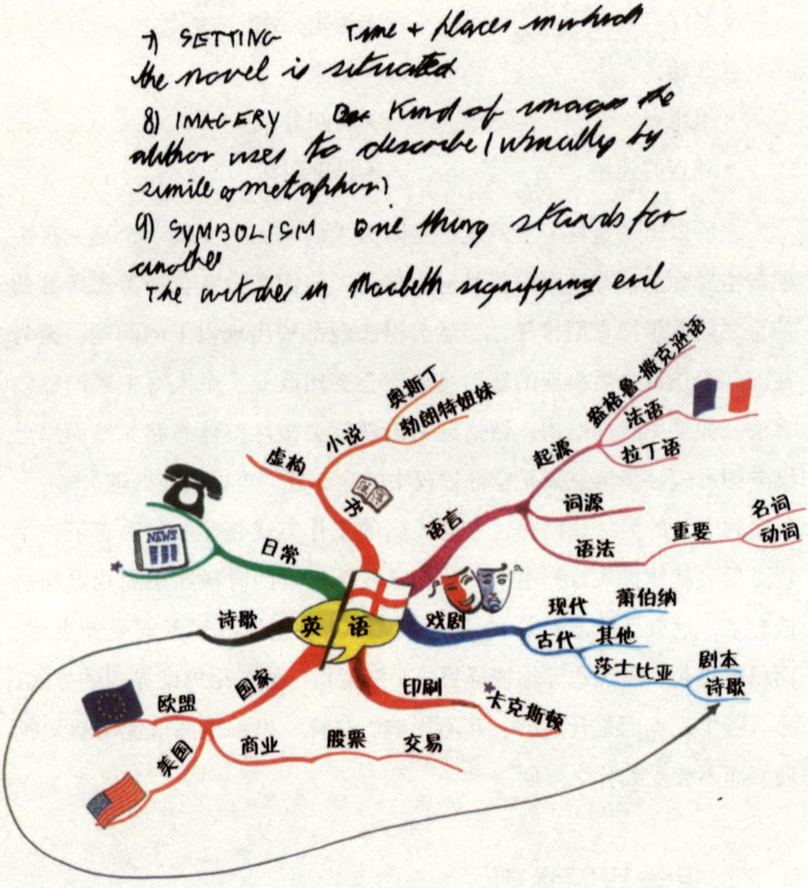

图 9.3 一个 14 岁男孩做的“最好的”线性笔记和他以“英语”为主题做的思维导图笔记

图 9.4 是一个在“普通中等教育证书（GCSE）”经济学考试中两次不及格的学生画的思维导图，他的老师认为他在思维与学习上存在着很多问题，几乎完全不了解这门课程。这幅思维导图是他在 5 分钟内完成的，同样证实他并不是老师所说的那样一个学生。

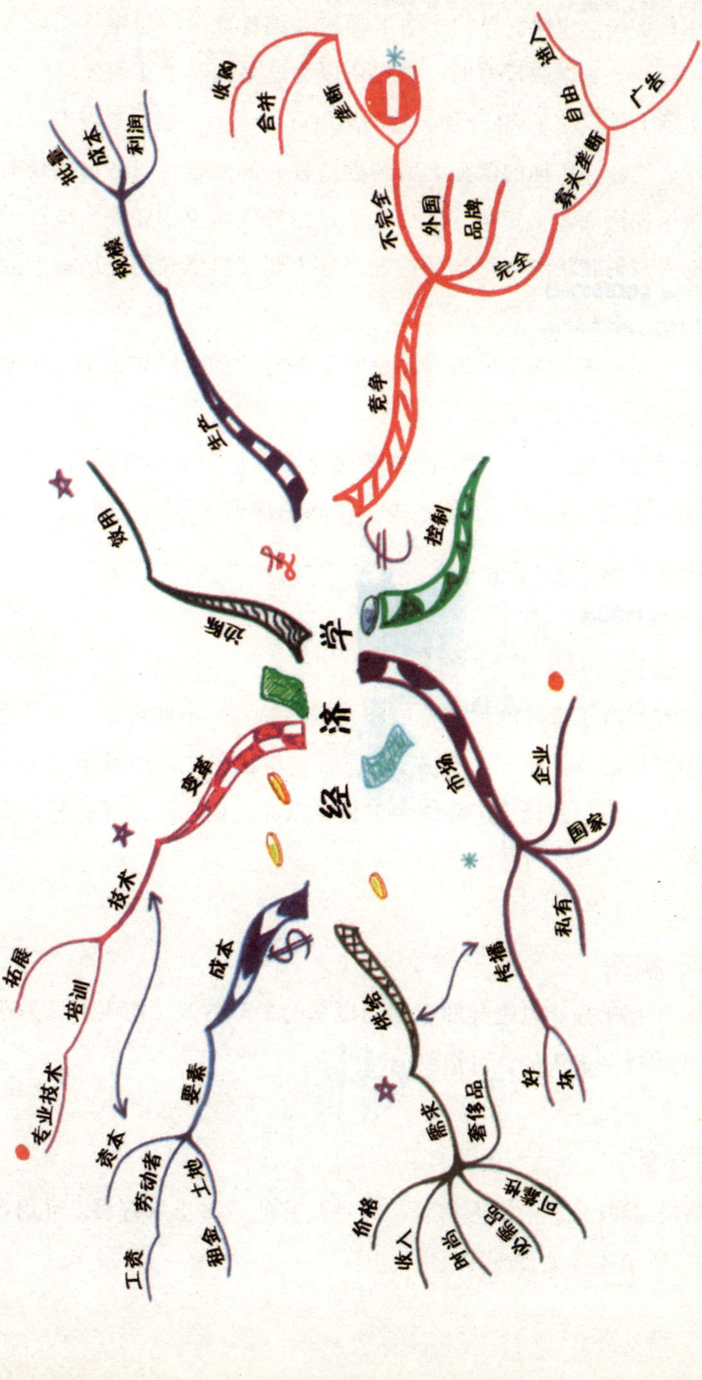

图 9.4 一个在 GCSE 经济学考试中两次不及格的学生画的思维导图

图9.5是一个成绩优异的中学生画的“纯粹数学”思维导图。当把这幅图给一个数学教授看时，教授还以为这是大学生花两天时间完成的，实际上她只花了20分钟。她的思维导图展示了这门常被人们认为是枯燥、乏味、压抑的课程无穷的创造性，如果她在图中每条线上用的是单个词语而不是短语，那么这个思维导图将更为完美。她运用的各种形式与形状扩大了词语的内涵，这表明了思维导图在结构上的多样性。

图9.6和图9.7两幅思维导图反映了做笔记的全脑思维法，也概括了本书的部分内容。

在这些思维导图中，记忆性关键词与图像从中心图像向外扩展，同时又相互连接（在这几个例子中，中心图像即该章的主题），于是就构建了全章的思维结构。

9.3 让你的思维导图便于记忆

你已经了解了思维的多维特征和发散性特点。由此可见，如果笔记本身更具创意性，更“全息式”，那么它将比传统的线性笔记更容易被理解、分析与记忆。还有许多工具可以让我们的思维导图笔记更便于记忆。

9.3.1 箭头

箭头可用来显示思维导图中不同概念的关联方式。箭头可以是单头的，也可以是多头的，可指前也可指后。

9.3.2 编码

星号、感叹号、十字形符号、问号及其他一些指示符号，可用在字词后，表示连接关系或其他意义。

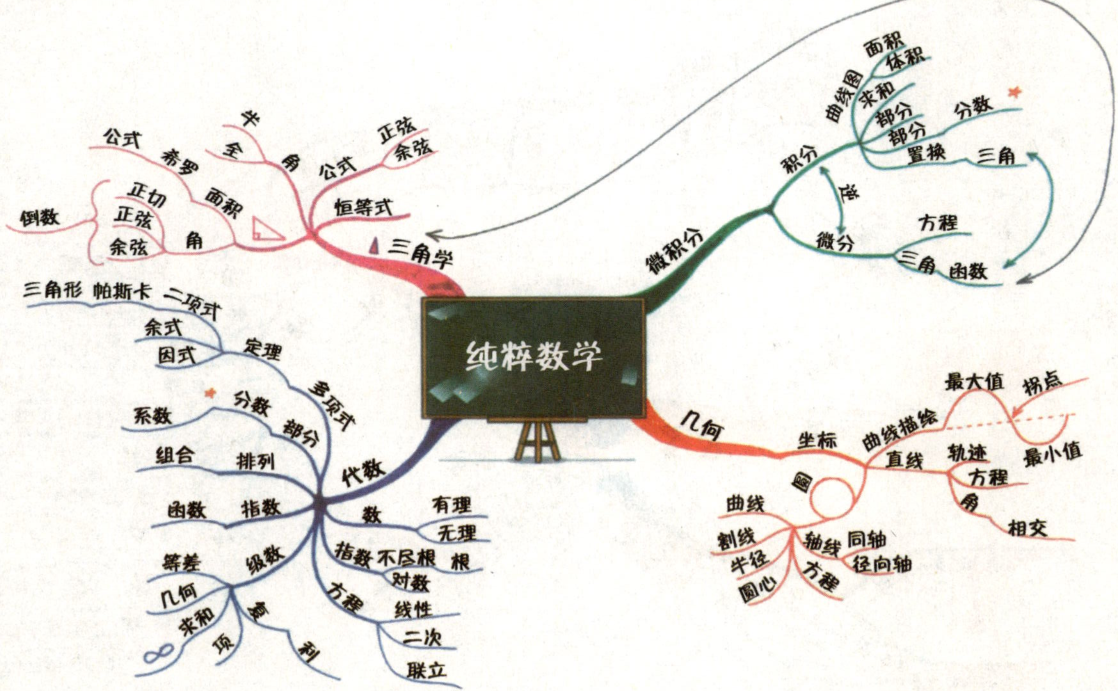

图 9.5　一个成绩优异的中学生画的“纯粹数学”思维导图

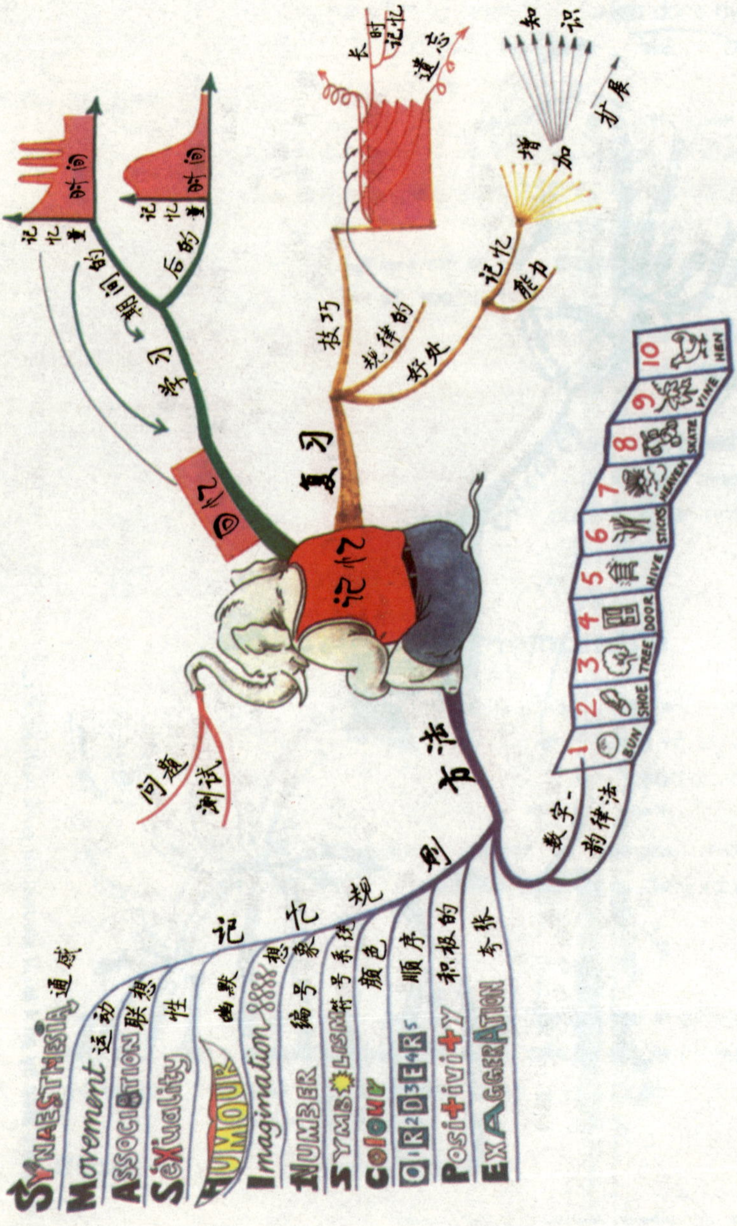

图9.6 第4章和第5章内容思维导图，“通感”指各种感觉的融合

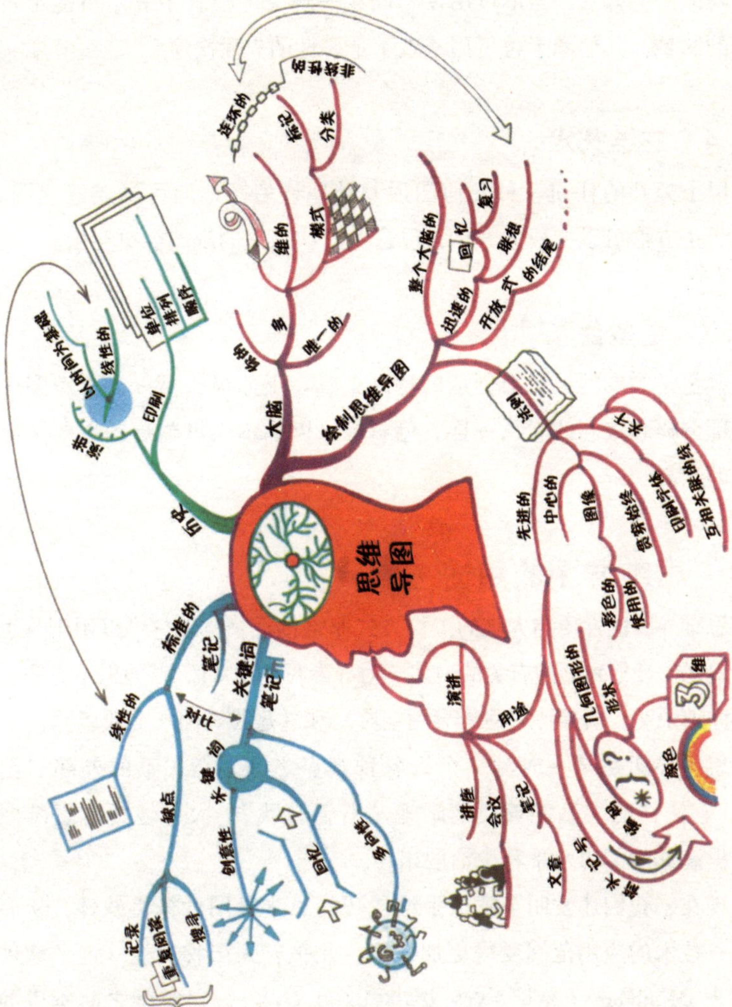

图 9.7 第 7 章和第 8 章内容思维导图

9.3.3 几何图形

正方形、长方形、圆形、椭圆形等可用于表示面积或表示特性相似的词语。例如，三角形可用在“问题—解决”模式中表示可能出现答案的区域。几何图形也可用来表示重要性的先后次序。

9.3.4 三维艺术

以上提到的任何一种几何图形及其他许多图形均可画成透视图。例如，正方形可以变成立方体，以这些形状表达的观点会更突出。

9.3.5 更多色彩

颜色是主要的记忆与创造的辅助工具。正如箭头可以显示图案中不同部分概念之间的联系一样，色彩也可以标示出思维导图主要区域之间的边界。

9.4 思维导图的用途

思维导图的性质与大脑的工作方式非常接近，所以它可以用于与思考、记忆、计划和创造有关的一切活动（参见图9.8）。有关思维导图应用的详细说明，请参考《思维导图宝典》和《思维导图（商业版）》。

思维导图是某一时刻一个人各种观点之间复杂关系的外部“图示”。它使你的大脑能够更清晰地“看清自我”，大大地提升思维能力，提高你的能力水平和生活的乐趣。

现在，我们还发明了模仿手绘技巧的思维导图计算机软件，从而使这一技术的应用范围变得更加宽广，几乎有无限种用途。这个软件被称为 iMindMap（参见 www.thinkbuzan.com），它符合之前所讲的思维导图制作的所有核心规则。它使你可以在电脑屏幕上有机地创作思维导图，自由地连接和修改，还可以把思维导图与其他常用的应用软件链接。因此，iMindMap 尤其适合政府、企业和教育机构用于举办会议、项目管理、战略策划和演示（参见《思维导图（商业版）》）。

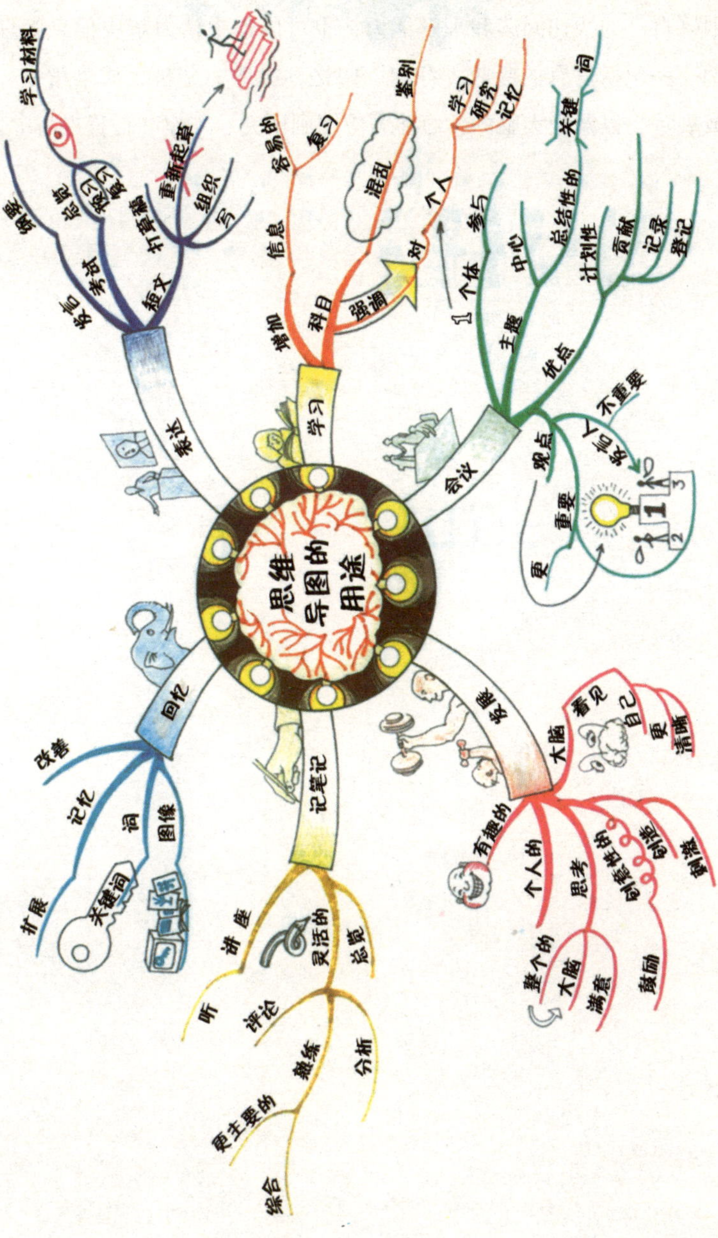

图 9.8　思维导图用途思维导图

在你学会驾驭自己的记忆和练习思维导图创作之后，你接下来可以锻炼自己的快速阅读和理解能力，也可以集中精力解决信息管理的问题——包括信息的吸收、存储、回忆、提取、分析、战略策划、输出或展示，以及把大脑的学习能力应用到研究、工作和自我提高中去。

快速阅读

快速阅读是这个“信息超载”时代处理信息的一项基本要求，也是高效学习的核心技能。

在本章中，你将了解到我们现在有关阅读的大部分观念都是错误的。你还将学习到，如何解决主要的阅读问题；如何理解和运用阅读技巧，在读懂阅读材料的前提下，将阅读速度提高一倍。

10.1 阅读问题

在下面的空白处用思维导图写出你在阅读及学习方面存在的所有问题。请严格要求自己，你找出的问题越多，你未来的改进就越全面。

在过去 20 年里，老师们注意到，他们所教的每个班中都存在一些普遍相同的阅读问题。下面列出了那些最常见的阅读问题。建议你对照这些问题检查自己的阅读，选出那些适合你的阅读问题——肯定会有不少。

- 视觉
- 速度
- 理解
- 时间
- 阅读量
- 恐惧
- 疲劳
- 厌烦
- 分析
- 组织
- 词汇
- 默读
- 选择
- 抗拒
- 注意力

- 笔记
- 复读
- 回读
- 保持
- 回忆

你的阅读及学习问题

上述所列的每个问题都是严重干扰我们阅读和学习的因素。本书就是专门解决这些问题的，本章集中讨论视觉、速度、理解及学习环境等问题。

在进一步探讨阅读的各个方面之前，我想我应该先给“阅读”下个定义，然后根据这一定义来解释，为什么在阅读方面存在如此普遍而广泛的问题。

10.2 阅读的定义

阅读通常被定义为“从书中捕捉作者的意图”或“吸收所写文字的内容”。然而，阅读应该有一个更完整的定义。这个定义可以是这样的：阅读是个人与符号信息之间发生的全部关联；它通常是指学习的视觉方面，并包含下述 7 个阶段（参见图 10.1）。

1 第一个阶段是**辨识**。你必须能够识别你所阅读的语言。无论你所学习的语言是什么，这一过程几乎是相同的。

2 符号信息是如何进入的呢？通过**吸收**。这听上去很直接，但是一个复杂的过程。它与你的姿势、健康、体质都有关系，但主要与你的眼睛和大脑如何运用眼睛的功能有关（参见图 10.2）。你需要了解你的眼睛是如何工作的，以及眼睛在发挥功能时真正发生了什么；然而，没有人教授你这些知识。吸收就是如何让信息进入大脑，这是快速阅读各个方面发挥作用的起点。

3 接下来是**领悟**——也被称为“内部整合”或信息的连接——信息内部各个部分之间的相互联系。

4 **理解**与领悟不同。一旦领悟之后，你就可以把所领悟的信息与外部世界整合——“外部整合”，即把书本知识与外部世界联系起来。这与第 3 阶段很不同：第 3 阶段是在头脑内把书本内部的知识联系起来，而这一阶段是把书本知识与你在其他领域的知识联系起来。

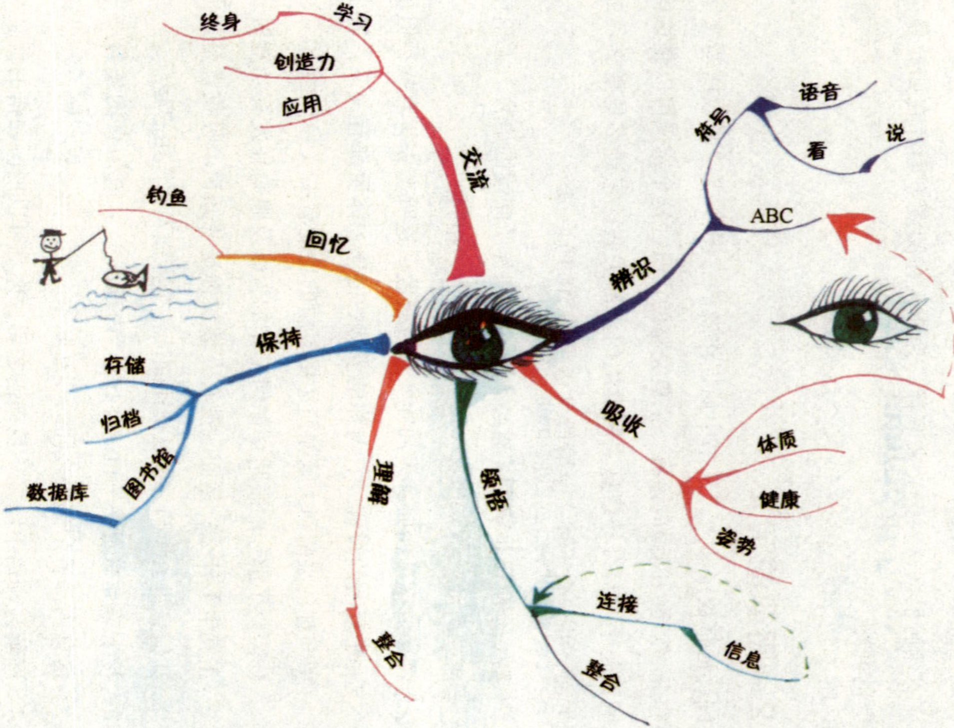

图 10.1　一个智力健全的读者需要经历和了解的阅读 7 个阶段思维导图，这是一个相当新的阅读定义

5 现在你必须学习如何记忆信息。记忆在阅读的定义中是一个非常精确的术语，包含两个主要因素。第一个因素是**保持**，即把信息存储到大脑的数据库、档案馆和图书馆中。

6 记忆的第二个因素是**回忆**，即从记忆库中提取所需信息的能力。很多人把这一因素与记忆本身相混淆。因此，他们常常说："我的记忆很差。"他们实际上有非常好的记忆，只是他们不能把储存起来的信息调取出来。

7 为什么要回忆呢？为什么要先阅读呢？为的是**交流**。你想应用所学习的知识——对其进行思考、创新、再学习和终身学习。

这个定义涵盖了本章一开始所列举的大部分阅读问题。没有提到的，从某种意义上来说，只是那些阅读之外的问题，如我们对环境、一天中的某段时间、精力水平、兴趣、动机和健康等的反应。

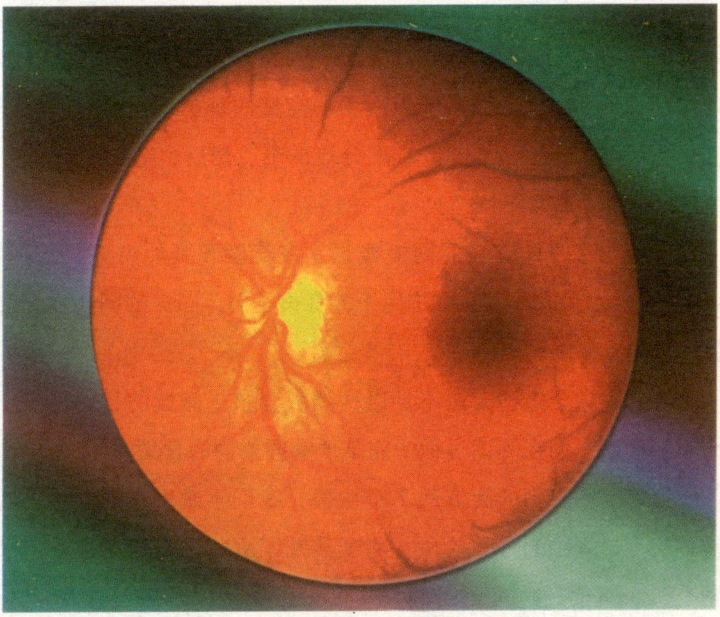

图 10.2 你的眼睛：大自然的奇迹

10.3 阅读问题存在的原因

此时你也许会问，为什么这么多人会遇到上述阅读问题呢？

答案除了我们早先对大脑缺乏认识之外，主要是因为我们早期的阅读教育方法不当。本书25岁以上的读者中，大部分可能都受过语音法或字母法的教育，其他一些人不是接受过上述教育，就是接受过看图说话法的教育。

最简单的语音法首先教孩子们认字母，然后教他们字母表中不同字母的发音，再教孩子们音节的拼读，最后是单词的拼读。进而循序渐进到阅读较难的书籍，这些书籍通常是以难度等级划分的。通过这一过程，孩子们在阅读速度上有所提高，同时也变成了“沉默”的阅读者。

看图说话法是向孩子们出示一些带有图画的卡片，图画下面清晰地印着物体的名称。一旦孩子熟悉了图画及与之相关的名称，就将图画拿走，只留下名称。当孩子积累了一定量的基本词汇之后，就开始阅读一系列与语音法一样的按难度分级的书，然后也变成“沉默”的阅读者。

以上是对这两种方法的简短概括。在英国和其他说英语的国家，至少有50多种其他类似的方法用于教育孩子们。同样的问题也存在于世界各国。

其问题不在于这些方法不足以达到教会孩子阅读的目的，而在于它们不能让孩子们在阅读过程中完整地掌握单词的含义。

根据之前我提到的阅读的7个阶段，我们不难看出，这些方法仅涵盖了阅读过程中的辨识阶段，略微涉及了吸收和领悟阶段。但却没有触及影响阅读的速度、时间、阅读量、保持、回忆、选择、摒弃、笔记、注意力、鉴赏、批评、分析、组织、动机、兴趣、厌烦、环境、疲倦及排版风格等方面的问题。

因此，这些问题如此广泛地存在，也许就不足为奇了。

需要注意的是，辨识几乎不曾被当成是一个问题，因为它在学校教育的早期就单独地教给了孩子们。而所有其他问题之所以被提到，是因为它们在教育过程中没有被涉及。后面的两章将主要讨论这些阅读问题，而本章剩余的部分将用来讨论眼球运动、领悟和你的阅读速度。

10.4 眼球运动与阅读

如果要人们用手指的运动来显示阅读时眼球的运动，大部分人会用食指沿着一条平滑的直线从左往右移动，然后从一行的结尾迅速跳到另一行的开头（参见图 10.3）。通常每行用时在1/4~1秒之间。

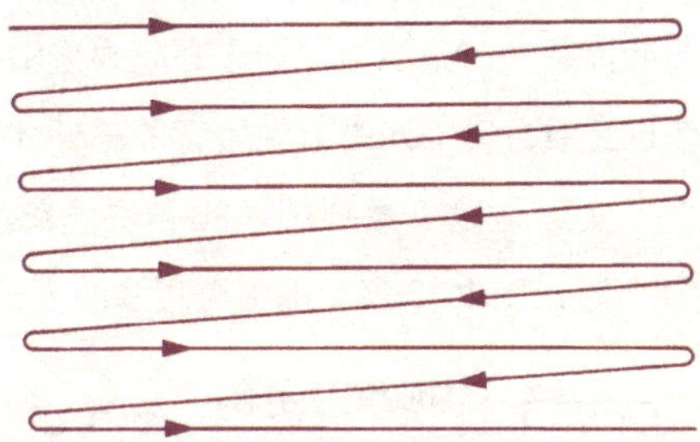

图 10.3 缺乏眼球运动知识的人在阅读时的眼球运动曲线，每行用时不超过 1 秒

但这里却存在着两个根本错误：速度与运动。

10.4.1 速度

即使眼球以每秒一行的速度缓慢移动，其阅读速度也将达到每分钟 600~700 个单词。即使是看比较轻松的材料，一般人的平均阅读速度也有每分钟 240 个单词。由此可见，即使按假定的较慢的速度估算，人们的阅读速度也应该比实际的阅读速度快许多。

10.4.2 运动

如果眼球按图 10.3 所示的平滑方式掠过印刷字体，那就会什么也看不见，因为我们的眼睛只能捕捉到那些静止的字符。如果某个物体是静止的；那么为了看见它，眼睛也必须是静止的；如果物体是移动的，那么眼睛只有随着物体运动才能看见它。你可以自己单独或与一个朋友一起做一个简单的实验来证实这一点。

将食指放在眼睛前面不动，感觉一下自己的眼睛或者看看你朋友在观察物体时的眼睛，它们将保持静止。然后将食指上、下、左、右移动，眼睛也随之移动。最后，上、下、左、右移动食指，眼睛静止不动，或者在眼前交叉移动双手，眼睛同时看着两只手。（如果你能做到这一点，请立即写信告诉我们！）

当物体移动时，眼睛只有随之移动才能清楚地看见物体。

所有这些都与阅读有关。很明显，如果眼睛要看清词语，并且词语是静止的话，眼睛也必须在每个词语上做短暂的停顿才能移到下一个词语。眼睛在阅读时，实际是以一系列的停顿和快速跳跃的方式移动的（参见图 10.4），而不是以图 10.3 所示的平滑直线的方式移动的。

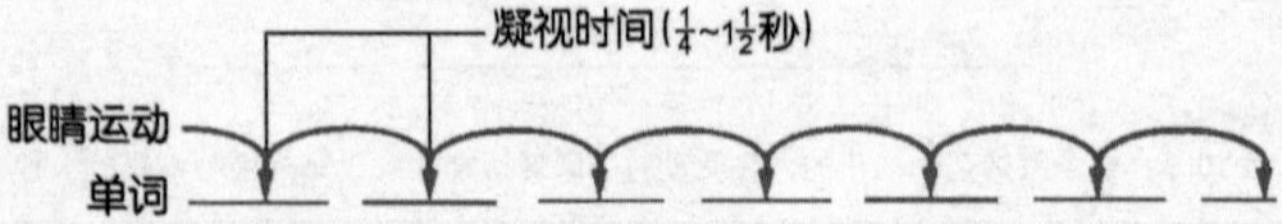

图 10.4 阅读过程中眼睛做“停顿—开始”运动

虽然眼球运动中的跳跃本身非常迅速，其所用的时间几乎可以忽略不计，但凝视则需要用$\frac{1}{4}$ ~ $1\frac{1}{2}$秒的时间。一个通常每次只读一个单词，以及强行回读单词或字母的人，通过对其眼球运动次数的简单数学计算，就可得出其阅读速度。这一速度常低于每分钟 100 个单词。这样低的阅读速度就意味着他既不能理解他所阅读的东西，也不能阅读更多的东西（参见图 10.5）。

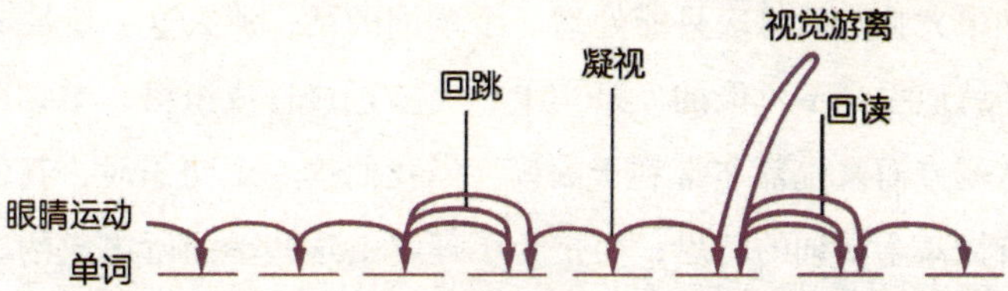

图 10.5 慢速阅读者的不良阅读习惯：每次只看一个单词，并在阅读过程中伴有无意识的回读、视觉游离和有意识的复读

乍一看，阅读速度慢似乎是无法改变的，但实际上这一问题是可以解决的，而且方法不止一种。

10.4.3 提高速度

幸运的是，慢速阅读者可以通过许多途径来提高自己的阅读速度，而且做起来也不难。

- 由于 90% 的回读和复读（反反复复地阅读一个单词的过程）是因为担心不能对阅读材料完全理解而引起的，而实际上这对于理解来说是不必要的，所以回读和复读是可以消除的。对于确实需要斟酌的 10% 的单词，可用思维导图的方式记下来，或者用智力进行猜测，做上标记然后查字典。
- 每次凝视的时间可降到接近 1/4 秒的最低限度——你不必担心时间太短，因为人的眼睛可在 1/100 秒的时间内摄入 5 个单词。
- 凝视的间隔可扩展到一次摄入 3~5 个单词（参见图 10.6）。

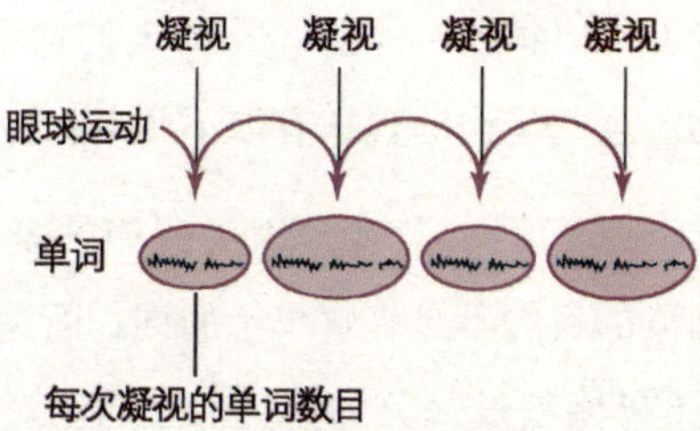

图 10.6 高效阅读者的眼球运动。他们每次凝视能摄入较多的单词，并且减少回读、复读和视觉游离

如果大脑真的每次只能处理一个单词的话，那么这一解决方案从一开始就似乎是不可能的。事实上，大脑是成群成组摄入单词的，这无论从哪方面来说都非常利于阅读。当我们读一个句子时，我们不是为了看懂某个单词的意思，而是为了理解由这些单词所组成的若干词组的意思。例如，阅读“猫——坐——在——路——上”这个句子要比阅读“猫坐——在路上”困难得多。

慢速阅读者比快速阅读者、流畅的阅读者要花费更多的脑力劳动，因为他必须把一个单词的意思加到随后一个单词的意思上面。在上述例子中，这种加法要做5次。而高效率的阅读者在理解每一个意义单位时，只要做一次简单的加法。

10.4.4 快速阅读的好处

如果你是一个快速阅读者，那么你的眼睛在每一页书上付出的体力劳动则较少，不会像慢速阅读者那样，每页紧张地聚焦凝视达500多次。快速阅读者每页只凝视100次，其眼肌就不易疲劳。

快速阅读的另一个好处是，读者能有节奏、流畅地阅读和轻松愉快地领略文章的意义。而慢速阅读者由于不断地停顿、开始，很容易感到厌烦、注意力难以集中、精神涣散，最终导致不能理解所读文章的内容。

10.5 对阅读的误解

综上所述，我们可以得出一个结论，即人们通常对快速阅读者所持的观念是错误的。这些错误的观念有如下几点：

- “一次只能看一个单词。”错！因为我们的凝视能力可以扩展，加之我们阅读的目的不是理解单个的词，而是整体意思。
- “阅读速度不可能超过每分钟500个单词。”错！因为事实上每次凝视可以摄入6个单词，而且每秒钟可以凝视4次。这就意味着每分钟1000个单词的阅读速度是完全能达到的。

- “快速阅读者没法欣赏文章。”错！因为快速阅读者能更多地理解所读的内容，能更专注地看材料，所以他有更多的时间去回顾他认为特别有趣的和重要的部分。
- “速度越快，注意力的水平就越低。”错！因为读得越快，得到的刺激就越多，注意力就越集中。
- “一般阅读速度更自然，因此也就最好。”错！因为一般阅读速度并不自然。它是由早期不完善的训练，加之缺乏眼睛和大脑能以各种可能的速度阅读等方面的知识所造成的。

下一章包括培养阅读技能的一些练习和测试。练习阅读技能的最好方法是参加博赞认证的快速阅读课程。

不可思议的“超级”阅读能力

当孩子学会阅读之后，他们常常在阅读时用手指着单词。成年人传统上把这种习惯看成是一种错误，并要求他们把手指从书页上拿开。现在看来，错的是成年人，而不是孩子。成年人要做的不是叫孩子把手指从书本上拿开，而是让他们更快地移动手指。显然，手指不会减缓眼睛的移动，相反，它在帮助养成流畅的阅读节奏方面有着不可估量的作用。

为了观察有导引和无导引情况下眼球运动的差别，让你的一个朋友想象在他的眼前有一个直径约30厘米的圆，然后要他仔细而缓慢地沿着这一想象的圆周看。结果，他的眼球的运动轨迹不是一个圆形，而更像是一个多边形（参见图11.1）。

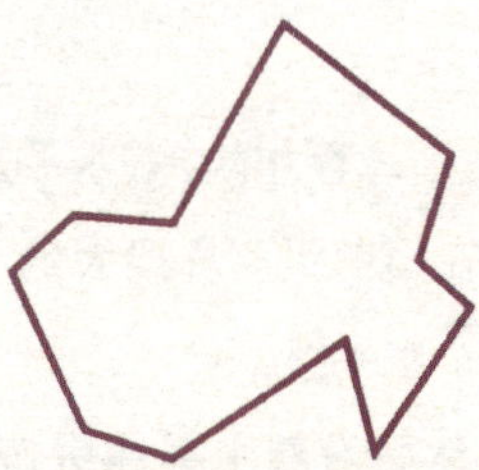

图11.1　眼睛在没有导引的情况下沿圆周运动的轨迹示意图

然后，你用手指在空中画一个圆，并让你朋友的眼睛随着你的指尖平滑地沿圆周移动。这次你会发现，你朋友的眼睛将随着你的手指移动而完美地画出一个如图11.2所示的圆。

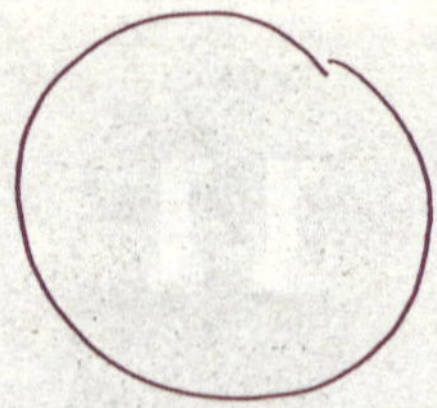

图 11.2 眼睛在有导引的情况下沿圆周运动的轨迹示意图

这个简单的试验还表明，只要人们了解了眼睛和大脑生理功能的基本知识，阅读效果将会得到很大的改善。很多事例证明，不需要经过很长时间艰苦的训练就可以取得立竿见影的效果。

当然，读者也不必局限于使用食指作为视觉导引物，也可像许多天生的“高效阅读者”那样使用钢笔和铅笔作为视觉导引物。开始时，使用导引物会使阅读速度降低。正如先前所提到的那样，这是因为我们把自己的阅读速度想象得比实际快得多，但有导引的阅读速度也确实会更快。

练习 13

扩大聚焦点

本练习的目的是拓展你的视觉能力，使你在阅读时能在“一瞥”之间摄入更多的词语。

首先通读下面的说明，或者请一位同学给你阅读这些说明，你遵照指示执行即可。

1 直直地向前方望去，注意力集中在水平方向尽可能远的一个点上。

2 把两个食指指尖在面前距离鼻梁大约 10 厘米的地方靠拢在一起，使其形成一个水平线。

3 开始扭动指尖，然后沿着水平线缓慢地将它们分开，同时眼睛仍然盯着远处你所选择的那个点（同时你还需要分开你的胳膊和肘部，但是要沿着水平线移动）。

4 继续移动，直到指尖移出你的视野，看不到眼角之外手指的运动。

5 停下来，让你的朋友测量你的两个手指之间的距离（参见图11.3）。

图 11.3 移动手指以确定视野范围

6 现在重复这个练习，但这次一个指尖朝下，另一个指尖朝上，让两个指尖竖着靠在一起，形成一条垂直线。同样将它们在面前距离鼻梁大约 10 厘米的地方靠拢在一起。

7 开始扭动指尖，然后沿着垂直线缓慢地将它们分开，同时眼睛仍然盯着远处你所选择的那个点——一个朝上，一个朝下；直到指尖移出你的顶端和底端视野。

8 停下来，测量你的两个手指之间的距离。

你是否对你所看的东西和范围感到吃惊？你明明注视的是其他东西。这怎么可能呢？

其原因在于人类眼睛的独特设计。你每只眼睛的视网膜中都有1.3亿个光接收器，这就意味着你一共有 2.6 亿个光接收器。你的中心焦点（用于读书或凝视远处的部分）只占你光接收能力的 20%。剩余 80% 的光接收器都贡献给了外围视觉。

在阅读的时候学会利用外围视觉，你将开始利用巨大的、未开发的外围视觉的潜力，也就是脑眼的潜力。我所说的“脑眼”是什么？我的意思是，用你的整个大脑去阅读或观察的能力，而不是仅仅用眼睛。这是那些练习瑜伽、打坐或祈祷的人所公认的一个概念。另外，那些学习用“魔法眼”看三维图片的人也熟悉这个概念。

练习 14

快速理解

选择一本书，尽快翻动书页，并尽可能多看一些单词。

这种方式的训练可使每次凝视摄入更大范围的单词群，也适用于练习纵览和预览技巧，并能把大脑调整到适应更快速、更有效的整体阅读练习状态。这种高速阅读状态可以比做以每小时90英里的速度在高速公路上驾驶1小时。这就像你一直以这一速度行驶，突然看见一个路标：“限速30”，假如某个人此时捂住计速表并对你说：“继续开，降至30英里的时候告诉我。”当你感觉已降至30英里时，其实际时速仍然可达50~60英里/小时（参见图11.4）。

这其中的原因是，你的大脑已经调整适应了很高速度的阅读状态，并将这种高速状态视为“正常”状态。先前的“正常”在新的“正常”出现之后，或多或少地就被忘记了。阅读也会出现类似的情况，经过高速的阅读练习，在你的阅读速度增加一倍之后，你甚至感觉不到其中的差异。

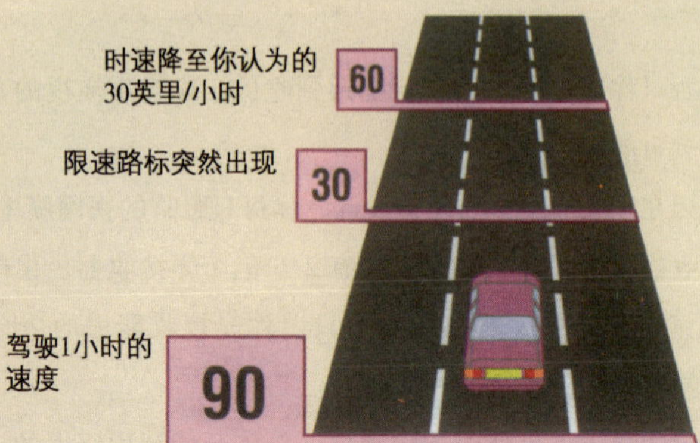

图 11.4 大脑“适应”速度和运动的图解。类似相对的“判断错误”可用来帮助我们学会更高效地学习

11.1 动机训练

大多数人是在一种放松和不紧不慢的状态下阅读的——许多快速阅读课程就利用了这一事实。首先给学生布置各种练习和任务，然后建议他们在每次阅读之后将每分钟的阅读量增加10~20个单词。通过这样的练习，所有的学生在授课期间都能提高阅读速度。然而，这种提高并不是练习的结果，而是由于学生的学习动机在授课期间一点一点地加强了。

同样重要的是要在课程开始时，向每个学生保证他们的阅读速度一定能得到明显的提高。结果是，学生们一定会迅速达到在正常情况下要到课程结束才能达到的效果——这有点像一个不善于运动的人，在野牛的追赶下能在10秒钟内跑100米和跳过高高的围栏。在这些事例中，动机是主要的因素，并且如果读者在每次学习时都有意识地应用这种效应，一定会获益匪浅。如果一个人有决心，那么他的表现将会自动得到改善。

11.2 环境因素

毫无疑问，你的内在生理姿势和外部工作或学习环境会影响你专注和改进的倾向。记忆力训练、思维导图创作和快速阅读也是如此。

如果你感觉很糟糕或不舒服，或者你的学习空间很拥挤、很混乱，那么你的精神状态会对你的学习效率产生不利的影响。然而，如果你感到周围的环境很舒服，内心也很满意，那么你会对阅读做出积极的反应，也会对新信息有更好的理解。因此，请尽可能保证你的环境是积极的，是有利于学习的。

11.2.1 位置和光的强度

只要有可能，最好在自然光下学习。最近的一项研究发现，暴露在日光之下可以让你的大脑释放更多的“好心情”荷尔蒙，所以你的书桌或桌面最好靠近窗户。在其他时候，照明光线应该从肩部上方、对着你写字的手的方向射入。台灯的亮度应该足以照明正在阅读的材料，但不要太亮，不要与房间的其他地方形成巨大的反差。如果你使用台式电脑或笔记本电脑，那么屏幕应该面向灯光，而不是背离灯光。

11.2.2 眼睛与阅读材料之间的距离

眼睛与阅读材料之间的自然距离大约是50厘米。这个距离可以使你的眼睛轻松地聚焦于一组组的单词，而且还可以减少眼睛疲劳或头痛的发生。

11.2.3 坐姿

理想的坐姿应该是双脚平放在地板上，背部直立，稍微有所弯曲，从而给你提供支撑。如果你坐得太“直”或弓着腰，那么你会感到非常疲劳，而且会损伤背部。试着拿起书，或把它放在什么东西上，以便使书稍稍直立，而不是平放。

良好的坐姿对于学习有许多好处：

- 大脑接收最大的空气流和血流，因为你的气管、动脉和静脉血管都没有什么限制，能够高效率地工作。
- 它可以使沿脊柱向上的能量流最优化，从而使大脑发挥最大的功能。
- 如果你身体是警觉的，那么你的大脑就知道有重要的事情发生（相反，如果你弓着背坐着，那么你是在告诉你的大脑是该睡觉的时间了）。
- 你的眼睛可以充分利用你的中心及外围视觉。

练习 15

测试你的阅读速度

你可用下列步骤计算出你每分钟的阅读速度：

1 阅读 1 分钟，记下起止位置。

2 数出 3 行的单词数。

3 将得数除以 3，得出平均每行的单词数。

4 数出所读的行数（短行折算一下）。

5 用每行平均字数乘以所读的行数，即可得出你的阅读速度。

计算每分钟阅读速度的公式如下：

$$阅读速度 = \frac{所读页数 \times 每页平均单词数}{阅读的分钟数}$$

下表可供你记录阅读速度的进步程度。

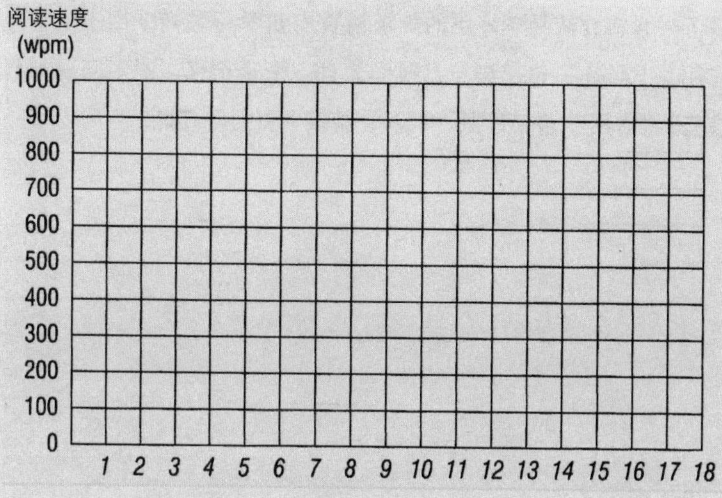

1 分钟时限数

11.3 节拍训练

节拍通常用来保持音乐节奏，对阅读和高速阅读训练也非常有用。

如果将其调整到合理的节奏，即每一拍代表视觉导引物的一次移动，那么用这种方式就可以保持一种稳定、连贯的节奏，并可克服阅读开始后不久出现的阅读速度下降的问题。一旦找到最佳的节奏，就可通过每分钟偶尔加一拍的方式提高你的阅读速度。

节拍法也可用来配合高速理解练习，以慢速开始，然后加速到预定的快节奏，即每一拍“看”一页。

你应在每次阅读中都应用在本章中学到的有关眼球运动、视觉导引和高级阅读技巧方面的知识（如果你对全部的快速阅读技能特别感兴趣，请参考《博赞速读术》一书）。如果能将这些技巧和知识与其他章节的内容结合起来应用，其作用会更加明显。

下一章将介绍易学好用的 8 项博赞有机学习技巧，用于学习准备和应用。“准备”包括浏览、时间管理、恢复记忆、确定问题与目标等技能；“应用”包括总览、预习、精读、复习等技能。

用博赞有机学习技巧变革你的学习技能

本章所讲述的博赞有机学习技巧，将告诉你如何培养良好的学习习惯，以及如何克服对学习的恐惧和焦虑。这里所讲解的技巧适用于任何学科——商科、生物、历史等。

首先你必须克服对考试、测验、评定、学期论文、毕业论文和课程作业等的恐惧——十分合理的恐惧。

每个人都经历过学习或复习的困难。我把影响学习成功的主要障碍称为“勉强的学习者”、“高效学习的思维障碍”、“过时的学习方法”。

12.1 勉强的学习者

你可能对这种人很熟悉——他每天晚上6点钟开始一直精神满满、矢志不渝、心怀良好意愿地学习到午夜。

晚上6点钟，他（这样的学习者也可能是一位女士，但是为了避免重复，我们在这里只用男性的“他”）走到书桌前，认真地做学习前的准备。一切就绪后，我们这位勉强的学习者再次谨慎地把东西整理一次——这使得他有时间为不投入学习找到第一个借口。然后他想起早上还没有来得及细看报纸、查看电子邮件和博客。于是他决定，在进行严肃的研究工作前，最好把这些事先处理完。当然，他没有想到，这花费了更长的时间。而且，他早上注意到报纸上有几条趣闻，但他当时没有时间看。他认为，在定下心来干完手头工作前，最好把这些琐事处理一下。

于是我们的学习者离开书桌，拿起报纸浏览，并且没料到的是，他发现报纸上有太多趣闻值得去看。一个版面接一个版面看过之后，他又注意到娱乐版。这时，他认为今晚最好该进行第一次休息了——也许8点钟到8点30分之间有档不错的电视节目。

他从报纸上查到了那档有趣的节目，节目事实上从7点就开始了。他安慰自己说："好了，今天我够辛苦的了，节目刚开始不久，我也该放松一下，这样我才能定下心来学习。"接下来的节目比他原先想象的要有趣得多，所以等他回到书桌旁时，已经是7点45分了。

此时，他仍在桌旁转来转去，泰然地敲着书。突然他想起该给两个朋友打电话和发短信。像报纸上的趣闻一样，他认为最好在正儿八经的学习开始前，先处理一下。

他和朋友在电话里谈得很投机，短信来来往往也不亦乐乎，所花费的时间又比预计的长，最终当我们这位无畏的学习者回到书桌旁时，时间已是8点30分。

到现在，他真的坐下来了，翻开书，决心好好看看。他是真的开始看书了（通常是第1页），可没一会儿，他突然感到又饥又渴。这真糟糕，如果花太长时间去弄吃的、喝的就没法集中精力看书，太影响学习了。

吃点快餐显然是唯一的解决办法。一有这个念头，头脑里立刻呈现出越来越多的以饥饿为中心的美味，于是快餐最终变成了盛宴。

扫除这最后一个障碍，我们的学习者又回到书桌旁，想着再没什么会干扰学习了。于是又盯着第1页书的前两行……他感觉胃沉甸甸的，睡意也似乎悄悄袭来。此时最好还是看半小时10点钟的节目好，等看完节目，食物也该消化完了，也休息好了，这回可以真正下定决心来看书了。

午夜时分，我们发现他在电视机前沉入了梦乡。

即使此刻，如果有人走进房间惊醒他，他会马上想到，事情还不太糟，毕竟他休息好了，也吃好了，还看了一些有趣的节目，又跟朋友保持了联络，看了今天的报纸，一切障碍都扫除了，那么明天早上6点……

从这个小小的插曲我们可以看出，人们关注更多的是知识，而不是人。结果，勉强的学习者就被淹没在知识的海洋中，几乎被知识“压垮”（参见图12.1）。在当今世界，信息与出版物仍然以令人目眩的速度不断增长，但是个人驾驭知识的能力仍被忽视。要想适应目前的形势，该掌握的不是更多的“硬事实”，而是处理信息及学习知识的新方法，即用上天赋予我们的能力去学习、思考、记忆、创造和解决问题。

图12.1 在当今信息爆炸的时代，对学习的恐惧是一种基于纯逻辑的合理的恐惧

12.2 高效学习的思维障碍

上面所讲的小故事可能令你觉得耳熟，也很好笑，但其中所蕴涵的意义却很深远、很严肃。

一方面，它令人振奋。因为这个人人都经历过的问题，证实了那些长久以来被人怀疑的事实：人人都有创造与发明的能力，担忧自己没有创造力是毫无必要的。在这位勉强的学习者身上，他的创造力只是应用不当。为了逃避学习，他为自己编造了花样翻新的种种理由。而这恰好又说明，每个人都有创造的天赋，只是要用到正途！

另一方面，这个故事也包含令人沮丧的一面。因为它让我们看到，我们在面对学习材料时所体验到的那种普遍的、潜在的畏惧感。

这种勉强与恐惧源自以考试为中心的教育体制。在这种体制下，学生被强制学习学校选定的教材。他们知道，教材比故事书、小说难多了，而且还意味着大量的作业。他们还知道，将来会有许多的考试来检验他们对教材内容的掌握程度。结果：

- 教材太难，让人沮丧。
- 教材意味着作业，也让人沮丧；因为学生从直觉上感到他们不可能读好书、记好笔记，并将一切都记住。
- 在这三种困难中，考试是最令人害怕的。

众所周知，这最后一种威胁会干扰大脑在某些情形下能力的正常发挥。所以，很多人在考试时几乎难以下笔，尽管他们对课本的复习很透彻。有些人完全可能解答一些题目，但他们的思维停顿了，所学的知识几乎全都遗忘了。还有一些极端的情形，人们看到他们整整两个小时奋笔疾书，以为在忙着答题，拿过试卷却发现满纸不过是反反复复写着姓名或某个词语。

面对这种可怕的威胁，学生只能有两种选择：要么坚持学习，正视恐惧心理；要么放弃学习，准备面临另外一种后果。如果坚持学习而且仍然很糟糕，他只能证实自己是“无能”、“傻瓜”、“白痴”、“笨蛋”，或其他一些难听的表述。当然，事实并非如此，但他不知道自己之所以“失败”，不是因为自己笨，而是因为这种教育体制不合理。

如果他放弃学习，情况会大不相同。尽管考试不及格，他却能安慰自己，他之所以考砸了，是因为他没有学习，也对那些东西不感兴趣。

这样，这个勉强的学生就可以通过以下方式来解决以上的问题了：

- 他回避了考试和恐惧对他学习自尊心的伤害。
- 他为不及格找了一个完美的借口。
- 他在同学们中间赢得了尊重，因为只有他敢于反抗他们所害怕的这一切。

还有，我们会发现一个有趣的现象，就是这种学生常常会成为“孩子王”。

我们还会发现另一个有趣的现象，即便在那些坚持学习的学生当中，有些也保留着与放弃学习的学生同样的心理。他们会找借口，原谅自己只得到了80分或90分，而不是满分。

12.3 过时的学习方法

以上所述情形当然不能令相关之人满意。导致这种不尽如人意的学习结果，更主要的原因在于我们要求人们掌握学习技巧及知识的方式都不正确。

学生被包围在太过庞杂、混乱的各种学科中，他们得学习、背诵、理解阵势庞然的一大堆名为数学、物理、化学、生物、动物学、植物学、逻辑学、生理学、社会学、心理学、人类学、哲学、历史、地理、英语、音乐、技术和古生物学等的教科书（参见图12.2）。在每一学科中，他们还得面临大量的日期、理论、事实、姓名及一般的概念。

这意味着，我们在面对包围着我们的知识和信息时所用的学习方法过于片面。我们太关注每门功课所包容的“单项”知识，也太注重以简化的程序或预先设定的形式，比如标准试卷或正式的论文，来让学生反馈这些知识。

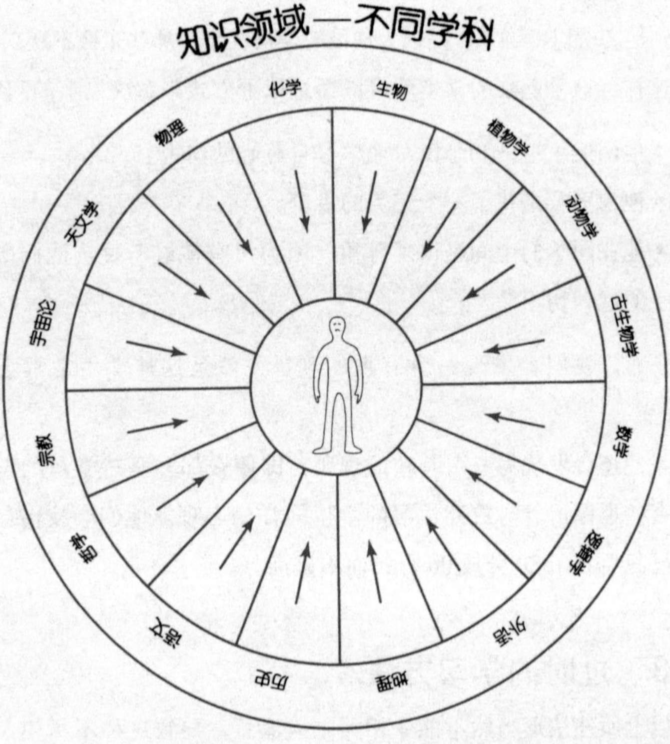

图 12.2　传统教育中，学生被包围在各种知识的海洋中，被给予、被灌输，学生要做的就是尽可能多地被动接受、吸收和记忆“灌”给他们的知识

这反映出它已成为高等中学、大学、高等专科学校及教材中所“推荐”使用的“标准”学习方法。这种方法往往以不变应万变，认为不同功课的学习都可以用相同的方法进行。比如，人们通常建议，课本需通读三遍才能对它有个全面的理解。这是其中一个简单的例子，但即便是一些更高级的方法也是很僵化的，只是在每个学习过程中重复所谓的“标准”学习法。

显然，诸如以上所述的这些方法并不能成功地应用到每一门功课中，文学评论与高等数学的学习方法肯定是截然不同的。为了取得好的学习效果，我们必须注重方法，而不应强行以同样的方法套用到内容不同的学习中去。

学习者本人应该是中心。以此为出发点向外延伸，而不该让他被书本、公式、考试所包围。首先要致力于教授学习者怎样才能最有效地学习。我们必须了解我们的眼睛如何工作，以及我们如何记忆、如何思考、如何记笔记、如何解决问题、如何充分发挥我们的才能，而不管所学习的科目为何（参见图 12.3）。

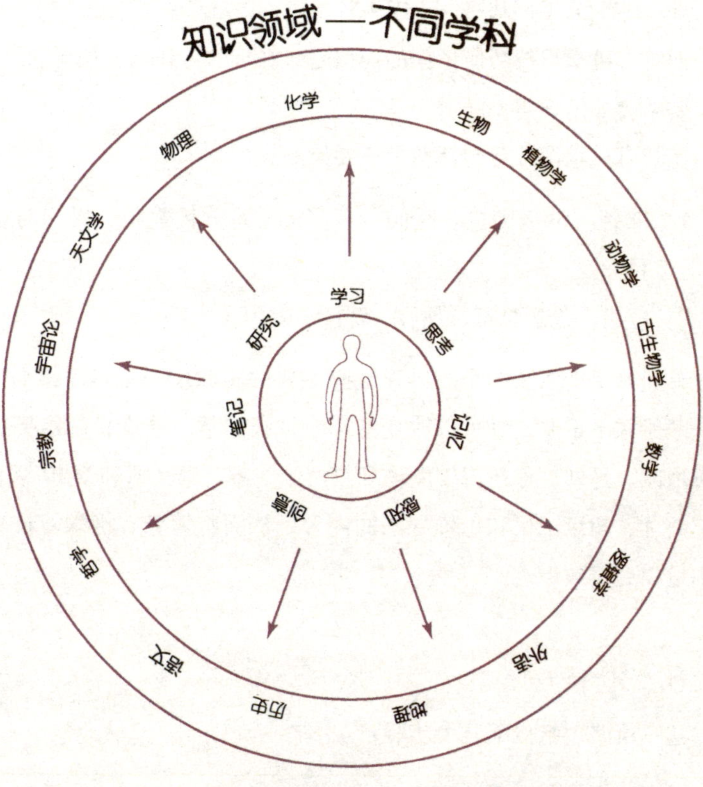

图 12.3　在新的教育体系中，之前的重心必须转变。不再只注重灌输各种知识，而是首先教会学习者了解自己的一切——如何学习、思考、记忆、创造、解决问题等

如果我们转变重心，从强调知识转为强调个人，以及个人如何吸收自己想要的信息、知识，那么前面所述的很多问题都会迎刃而解。人们将致力于学习与记忆那些有趣而又有必要的任何一种知识。知识不再是“被教授”或“被填塞”，每个人按照自己的情况主动选择学习的内容，并在自己认为必要的情况下寻求帮助与指导。这个方法的另一好处是，它将使教与学双方都更轻松、更愉快，因而也更见成效。通过关注个人及其能力，我们最终可以将学习摆到一个更合理的位置——这就把我们引向了博赞有机学习技巧。

12.4 博赞有机学习技巧

博赞有机学习技巧所依据的前提是：在你学习任何一门学科之前，你需要学会如何学习。

博赞有机学习技巧包括两个主要策略：

1 准备。包括浏览、时间与任务量、5 分钟笔记、提问与确定目标。

2 应用。包括总览、预习、精读、复习。

首先要提请注意的是，尽管这些主要的步骤按一定顺序排列，但这一顺序并不重要，是可以改变的，而且根据学习或准备的需要可以有所增减。另外，你还需要阅读和复习第 5 章、第 9 章和第 10 章有关快速阅读、超级记忆和思维导图的内容，从而将博赞有机学习技巧的效率发挥到极致。

12.5 准备

这一策略包括以下几个步骤：

- 浏览
- 时间与任务量

- 5 分钟笔记
- 提问与确定目标

12.5.1 浏览

在其他工作开始之前，很有必要通读或浏览一遍所要学习的教材、杂志、讲义或期刊。

你的浏览应该是随意的、快速的，一页一页跳着看，对书有个总体“感觉”，注意书的结构框架、难度、图解与文字的比例，以及结果、总结和结论的位置等。总之，其阅读方式应该像到书店选购图书或在图书馆里找书、挑书一样。

12.5.2 时间与任务量

这两个方面可以同时决定，因为二者的原理是相同的。

坐下来看书时，第一件要做的事就是决定看书时间的长短，以及在这个时间段内的阅读量。

坚持阅读前要做这一步的理论依据是格式塔心理学家们的发现（“格式塔”的意思是“完形的倾向”）。在继续阅读前，请完成练习 16。

格式塔心理学家们发现：人脑有“完形”事物的强烈倾向。大多数读者会不由自主地想给这些图形标上名称：直线、圆柱体、正方形、椭圆形、之字形、圆形、三角形、波浪线、长方形。事实上，其中的“圆形”并非圆形，而是“不完整的圆形”。有些人确实把这个断开的圆看成是完整的圆形；有些人虽然看出这是不完整的圆形，但以为画图的人原本就是要画成圆形的。

在学习时，首先判断学习所需要的时间和任务量能立即给我们确定学习时间与量的范围、终点或目标。这样做可以方便我们将所学的内容正确地联系起来，不会杂乱无章。

练习 16

辨认形状

将下列每种图形的名称填入相应的数字编号后。

1 ____________

2 ____________

3 ____________

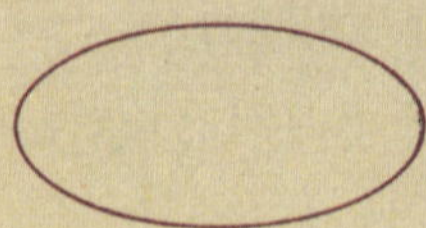

4 ____________

5 ____________

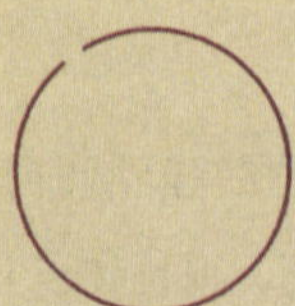

6 ____________

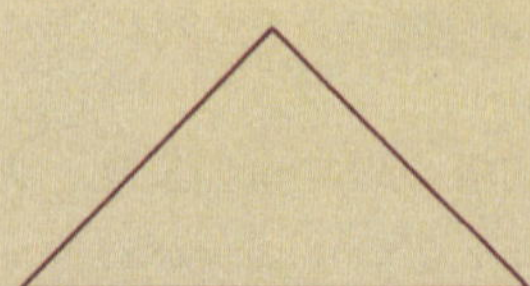

7 ____________

8 ____________

9 ____________

让我们用听讲座为例来解释上述观点。好的老师在详细阐述一大堆难懂的论题之前，往往会先告知讲座开始与结束的时间，并说明每个论题所需的时间。因为有了向导，知道什么时间完成哪些内容，听众自然而然地会发现更容易跟上老师的讲课节奏。

明智的做法是，在所选择的阅读章节的起始位置和终止位置各夹一大张纸做记号，以明确阅读量和阅读范围。这样做可以方便你前后查阅所选择的阅读内容。

另外，在一开始就做出这些决定，可以消除我们那种潜在的莫名的恐惧感。如果事先没有做任何计划，一头扎进一本厚厚的书中，你不由自主地就会产生压力，时刻想着最后必须看完的页码。每次一坐下来，会不由自主地想到：还有厚厚的好几百页书要看。因而整个学习过程中都伴随着这种不安的情绪。相反，如果对在一定的时间内，要看完多少页书事先做出合理的选择，你会在阅读时潜意识地自我暗示：任务很轻松，而且肯定能完成。二者在情绪和取得的成绩上都将有显著差别。

12.5.3 5分钟笔记

确定了学习任务量之后，接下来尽快写下你对这个主题所了解的一切。你可以把它做成微型思维导图的形式，练习时间尽量不要超过5分钟。

这一练习的目的是：

- 改善注意力。
- 消除神志恍惚。
- 建立良好的思维“状态”。

建立良好的思维“状态”是指使思维集中于重要的而不是琐碎的知识上。在你花了5分钟时间从记忆库中搜寻有关信息后，你会更多地考虑学习材料，而不会再去想随后要吃的草莓和冰淇淋，或其他你要做的事情。

从这一练习的时间限制为 5 分钟来看，它显然不需要你的全部知识——5 分钟练习的目的纯粹只是为了激活存储系统，并将思维调整到正确的方向上。

有人会问：“我对主题一无所知和知道得很多，又有什么区别呢?”

如果对于主题知道得很多，那么 5 分钟的时间应该用来回忆与主题相关的主要分支、理论、姓名等。由于脑比手快，所以在写的过程中内容之间的一些较细微的联系也会被头脑中的眼睛“看见”，于是良好的思维状态与方向就确立了。

如果对于主题所知甚少，那么 5 分钟的时间应该用来回忆你所知道的事项，并且加上其他看起来在某种程度上与主题有关的信息，这将使你尽可能地贴近主题，并防止你在这种情形下感到不知所措。

5 分钟的笔记练习可以让你立即获取自己感兴趣的领域内最新的知识。通过这种方式，你就能够跟上时代的步伐，并切实地了解自己到底知道些什么，而不是让自己永远处于不了解自己到底知道些什么的尴尬状态——“我话已经到嘴边了”综合症。

12.5.4 提问与确定目标

确定了你对主题所了解的知识之后，你需要决定从书中得到什么。这需要你确定在阅读时想求得解决的问题，而且这些问题应该与你所期望获取的知识直接关联。许多人在做这项工作时喜欢使用不同色彩的笔，把他们的问题添加到快速记下的思维导图知识框架中。

这一练习与前面记录知识的练习一样，也是为了建立良好的思维状态。其时间也不要超过 5 分钟，因为问题可以边读边确定和增加。

提问与确定目标

为了确证这个方法，我们可以做一个标准的实验。实验分两个小组，他们的年龄、教育程度、能力基本相当。每组分配相同的学习材料和相同的学习时间。

告诉A组，他们将被测试书中所有的内容，请他们有针对性地学习。

告诉B组，他们只被测试贯穿整本书的两三个主题，也请他们有针对性地学习。

事实上，两组都要就学习材料的全部内容进行全面测试。你马上会想，这样做对只被告知要测试主要内容的一组太不公平了。

可能也有人会认为：在这种情况下，似乎B组在有关主题的测试上表现要好些，而A组则会在其他内容的测试上表现要好些，但最终两组的得分可能是相同的。但令人惊讶的是，B组不仅在有关主题的问题上得分高，而且在其他内容的测试上得分也高，总分比A组高出许多。

之所以如此，是因为这些主题就像巨大的钩子，将所有其他信息拉拢在一起。换句话说，这些重要问题与目标起着联络中心的作用，使联系其他信息变得容易了。

而A组被指示去获取全部内容，反而没有了明确的中心来连接信息，在整个学习过程中，漫无目标地摸索。这种情形就像一个人有太多的选择反倒让他没了主意：这正是想抓住一切反而一无所获的悖论。

可以看出，像之前的一个步骤一样，提问与确定目标在我们了解了其背后的理论之后，会变得越来越重要。必须强调的是，这些问题与目标越明确，你在下一步的应用部分中将会做得越好。

12.6 应用

这一策略包括以下几个步骤：

- 总览
- 预习
- 精读
- 复习

12.6.1 总览

人们使用教材或课本时有一个有趣的现象：大多数人在接触新课本时，都是从第 1 页开始阅读的。但我建议不要从第 1 页开始阅读新的学习材料。原因如下：

假如你是一个拼图游戏爱好者。一个朋友来到你家的门口，手里拿着一个大盒子，盒子外包装着纸，系着丝带。她说这是送给你的礼物，是“人类有史以来最漂亮、最复杂的拼图游戏”。你谢过她，看着她走下门前的台阶。于是你从那一刻就决定投身到这个游戏中去。

在继续下一步之前，请写下从现在到完成拼图整个过程的详细步骤。

现在请对照下面我的学生所列出的步骤，检查你的答案：

1 回到屋子。
2 解开丝带。
3 打开包装纸。
4 扔掉丝带与包装纸。
5 看包装盒上的图案。
6 看说明书，注意拼图数目与大小。
7 估计完成的时间。
8 计划休息与吃饭的时间。
9 找一个大小合适的平板放拼图。
10 打开盒子。
11 把盒子中的东西倒在平板上或一个专门的盘子里。
12 再检查拼图数量与说明书上是否一致。
13 将所有的拼图放到左上角。
14 找出边、角图块。
15 按颜色分类。
16 拼入最明显的部分。
17 再继续拼入。
18 留下难的到最后（因为随着整体图案越来越清晰及拼入的拼图数目的增加，那些难拼的图块很容易通过上下结构找到相应的位置）。
19 继续，直到完成。
20 庆祝！

这个拼图游戏的故事也可以直接应用于学习。从第 1 页开始学习，就像你在拼图开始时就要找到左下角的某个图块，并坚持以为只有从那个小角落出发才能一步步拼完整个图案。

当我们学习较难的材料时，最重要的一点是，在我们决定辛苦地从头到尾看书前，先好好把握其内在的东西。

博赞有机学习技巧中的“总览”一步就是专门用于完成这项任务的。这好比我们在拼图前先看图，读说明书，找边、角图块一样。这就意味着，在学习课本时应迅速翻阅整本书，从中找出那些非常规印刷字体的内容。在此过程中，你可以使用视觉导引物，例如一支铅笔。

你在总览一本书时应该看的方面包括：

- 结果
- 表格
- 副标题
- 小结
- 目录
- 日期
- 结论
- 旁注
- 斜体字
- 引用
- 图解
- 图表
- 词汇表
- 大写单词
- 脚注
- 封底
- 图片
- 统计数字

这一过程的作用是让你对书的体例有更好的认识，不用浏览全书，只是选择相对容易理解的部分（参见图12.4）。

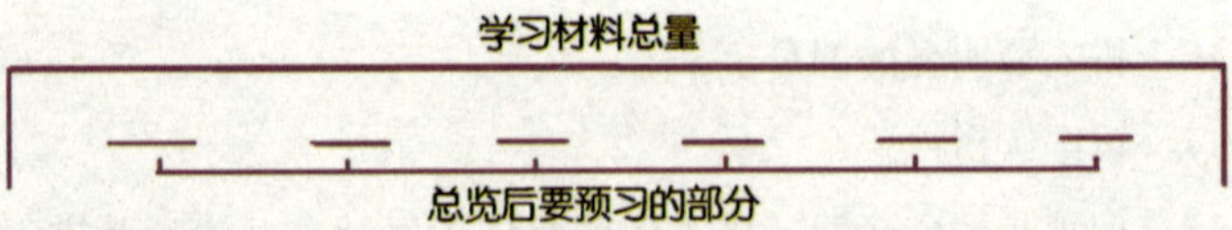

图12.4　学习材料中需要总览的部分

贯穿“总览”的整个过程，必须使用笔或其他视觉导引物，这一点非常重要。我们可以通过看一个图案来解释一下为什么必须使用导引物（参见图12.5）。如果眼睛没有什么东西辅助，那么眼底只留下图案的整体轮廓，拿开图，脑中仅有一个模糊的视觉记忆，而且会不断受到干扰，因为眼球的运动轨迹不可能与原图的曲线相同（参见图12.6）。

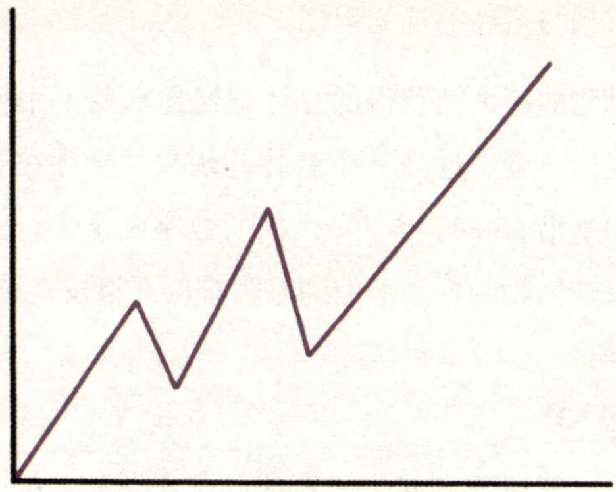

图 12.5　所要观察的实际图案

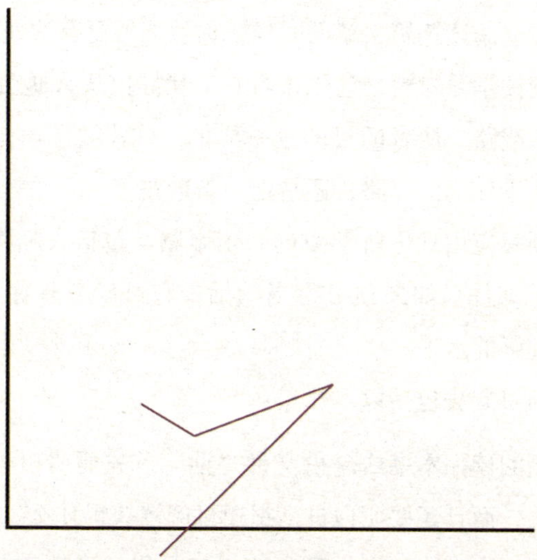

图 12.6　眼睛没有辅助物时所记忆的标准图案，与原图出入很大

如果使用了视觉导引物，那么眼球的运动将更接近原图的曲线，记忆也会由于下列信息的输入而得到强化：

- 视觉记忆本身。
- 眼球运动的视觉记忆更接近图案的形状。
- 胳膊或手追踪图中曲线运动的记忆（动觉记忆，参见第 3 章“多元智力”）。

- 跟踪节拍与运动的视觉记忆。

通过辅助物的帮助而获得的总体记忆比那些不用辅助物获得的记忆强得多。我们会看到这样一个有趣的现象：会计在看账目时，不约而同地都会用笔沿着一行行、一栏栏的数字画下去。他们这样做，自然是因为没有辅助物的帮助他们的眼睛难以严格按直线运动。

12.6.2 预习

顾名思义，所谓预习就是预先学习或预先看。在快速阅读（结合导引阅读技巧略读）一篇文章之前，如果你让大脑看到这整篇文章，那么在你第二遍阅读这篇文章的时候，你就能够更有效地驾驭它。

在正式阅读学习材料之前先预习它，就好比从 A 地开车到 B 地之前先计划一条线路，两者的目的是一样的。你需要了解地形，然后决定是走一条风景优美的远路，还是走一条近路。

应该把预习应用到你所学习的一切事物，包括人际沟通，例如检查细节和电子邮件。如果预习得当的话，它可以节省你大量的时间，提高你阅读理解的水平。

高效的预习方法包括以下几点：

- 在开始阅读一本书或一份文件之前，首先要明白自己已经知道了什么，而且还要明白自己想通过阅读获得什么。先略读文章，找出核心内容。如果文章所述内容是你已经知道的，那么就将这一事实记录下来，以便将来参考。
- 高效地记录你所阅读的一切东西，以便将来参考，并且运用你之前获取的知识评价你所阅读材料的相关性。
- 预习时，注意力要集中在各个段落、章节甚至全文的开始、结束部分，因为信息往往集中在这些地方。
- 阅读一篇简短的学术论文或一本复杂的教材，可以先看“小结”、“结果”和“结论”部分。这些部分往往包含着你所寻找信息的精髓。这样，你就不会费时费力而又不得要领了。

- 获得了文章的实质内容后，下一步很简单，就是检查它们是否真正总结了文章的主体。
- 在预习时，可像“总览”一样，不必看全部内容，只是集中看那些特殊的部分（参见图 12.7）。

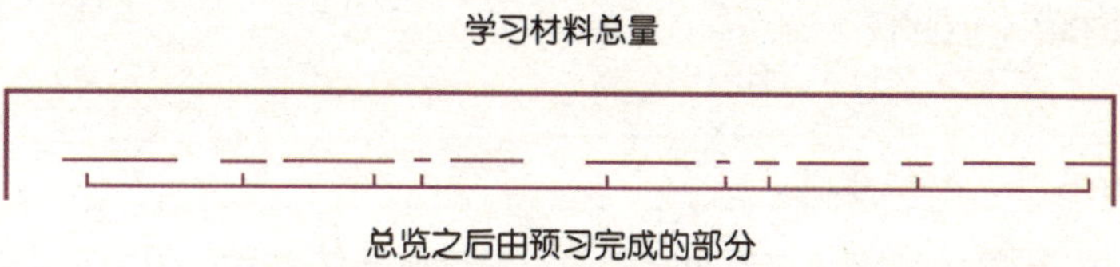

图 12.7　学习材料总览后需要预习的部分。再次把你认为恰当的信息添加进去

成功的策略

有一个行动计划和一个学习策略，是非常重要的。下面的案例很好地说明了这一点。一个牛津大学的学生花 4 个月的时间拼命看一本 500 页的心理学书，看到第 450 页，他要绝望了，到最后他想“抓住”的信息量太大，不等看完，就被信息淹没了。

原来，他是从头一直看下去的，虽然快到结尾了，但他甚至连上一章讲什么都不清楚。而结尾就是对整本书的总结！

他阅读了这一部分，并且估计，如果他一开始就这样做的话，他会为自己节省 70 个小时的阅读时间，20 个小时的记笔记时间，还有几百个小时的忧虑时间。

所以，总览与预习时，你应该有所选择和摈弃。很多人仍然习惯于强行看完书中的一切，尽管他们知道并不是书中所有的信息都与他们相关。看书应该像听演讲一样。演讲者有可能会滔滔不绝地讲一些乏味的东西，时而举太多的例子，时而偏离主题或犯些错误，所以我们听时要选择、批评、纠正与忽略某些内容。

12.6.3 精读

在总览与预习之后，如果仍然需要寻找更多的信息，那么你就应该精读材料。

这就像拼图游戏的边界与彩色区域拼完以后，接着要“填充”那些剩余的区域。因为在前面几个步骤中，大部分重要信息已经获取，所以不必全面阅读。

12.6.3.1 跨越障碍

从图 12.8 我们应该看出，即使在精读阶段结束后，仍会有未完成的部分。这是因为我们最好避开那些特别困难的地方，不要单方面强行解决。

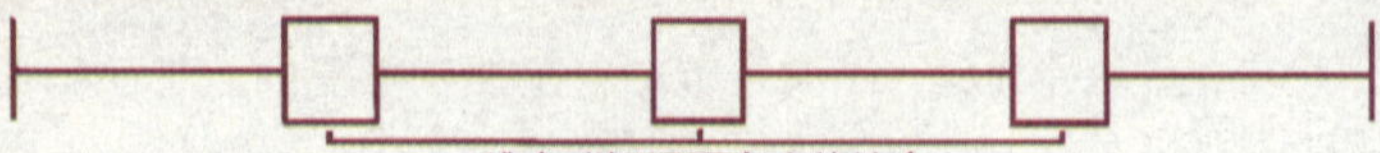

图 12.8　精读完成后需要学习的部分。随着阅读的进展，把相关的信息添加进你的思维导图

再联想一下拼图游戏的过程就会清楚为什么要如此：绞尽脑汁找出连接到“难点”的图块既费力又费时；这就像勉强拼入某一块，或用剪刀去剪（也就是说，你假装已经根据上下文理解了，而实际上则没有），都是徒劳无益的。学习材料的难点对其随后部分的理解并不总是很重要，而暂时撇开不管则有很多好处（参见图 12.9）。

- 如果不急于立刻处理这些难点，大脑会潜意识地去解决这些问题。大多数人考试时都会有这样的经历：有些问题一时难于解答，但在做完其他题目再回头看时，答案却自己“蹦”了出来，难题常常显得出奇地简单。
- 如果晚一点再回头处理难点，则可以从两侧着手处理。除了这一明显的优势外，从“上下文”考虑难点（就像拼图中难拼的图块一样）还可以让大脑自动“完形”的倾向得到充分的利用。

- 撇开难点，继续向前，可以放松精神，避免传统学习法所带来的弊端。

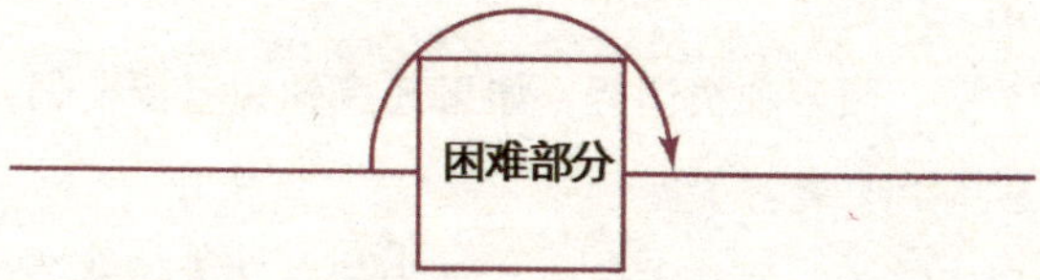

图 12.9 跳过难点，随后再回头，可以使你拥有更大量的信息，从“其他角度”考虑问题，而且难点对于理解其后的内容往往并不很重要

12.6.3.2 大飞跃

综观任何学科的历史发展，它总是由一系列相当规则的按逻辑关系连接的小的进程组成，但其中总会有一些大的飞跃（参见图 12.10）。那些“大飞跃”的倡导者凭直觉感知到了这些新的进步（结合左右半脑的功能），然而却遭到嘲弄，伽利略、爱因斯坦便是如此。当他们一步步解释他们的理论时，别人也慢慢地理解和接受了。一些人的思维停留在他们的解释的开始部分；而另一些人，如革新者，则更接近他们的结论。

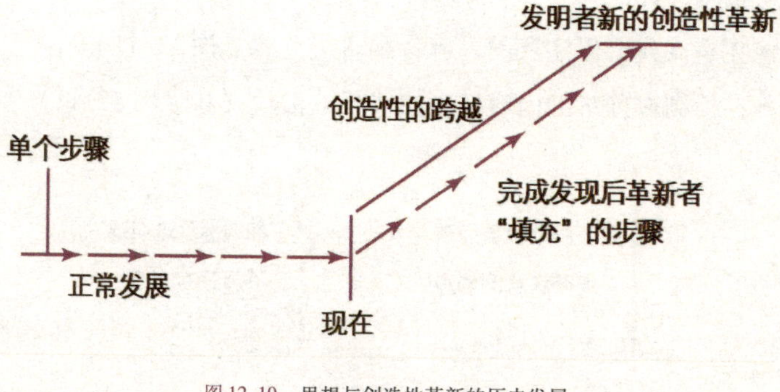

图 12.10 思想与创造性革新的历史发展

这些革新者在得出结论之前，跨越了大量按部就班的步骤。学生

如果能以同样的方法去学习，如果也能跨越一些小区域，那么他就会有更大的余地充分地发挥自己天然的创造力与理解力。

12.6.4 复习

完成了总览、预习和精读后，如果还有知识有待发掘，还有疑问需要解答，就有必要复习了。

这个阶段很简单，就是完成前几个步骤未完成的部分，并将那些值得注意的信息重新斟酌一番。在大多数情况下，你会发现，从前认为相关的那些信息只有不到70%最终会派上用场。

记笔记的要点

边学习边记笔记的形式主要有两种：

- 写在书上的笔记。
- 不断扩展的思维导图（参见第9章）。

写在书上的笔记包括：

- 下画线。
- 由学习材料所激发的感想。
- 批判性评注。
- 在重点或值得注意的内容旁画直线（参见图12.11）。
- 在模糊或疑难的内容旁画曲线或波浪线（参见图12.11）。

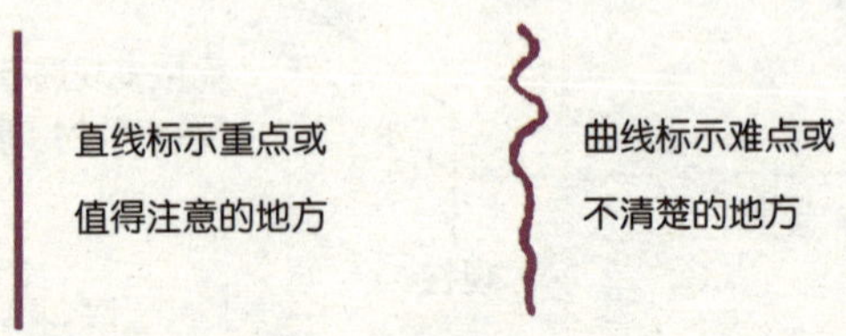

图12.11 标注文本的方法

- 在你希望进一步研究或你发现有疑问的内容旁画问号。

- 在精彩的内容旁画感叹号。
- 用自创的符号对那些与你的目的有关的内容做标记。

如果书不是很珍贵，你可以用自己的颜色编码在书上直接做标记。如果书很珍贵或是从图书馆借来的，你可以用便条贴做评注或用非常软的铅笔书写。如果铅笔足够软，而且涂改时用的橡皮也很软，那么对书的损伤会很小，甚至小于用手指翻阅所带来的损伤（如何在“应用”阶段使用思维导图，请参考下面的文本框和第 9 章）。

用思维导图记笔记

随着学习的进展，为课本的结构制作思维导图，你会发现它是一个非常好用的学习工具，而且与拼图游戏中一点点按图拼凑的过程很相似。要了解如何为不同的学习内容绘制思维导图，请参阅第 9 章。

随着学习的进度不断扩展思维导图的好处是，它能将大量的信息进行整合并使之具体化，否则它们就会永远让你感到困惑。不断扩展的思维导图还可以让你迅速地回头参考已经阅读过的内容，而不必再一页一页地去翻看。在完成了一定量的基础学习之后，思维导图能使你明白疑难点在哪里，以及你的主题与其他主题是在什么地方产生联系的。就这一点而论，它能让你保持在一个创新的状态，使你能够：

- 将已有的知识融会贯通。
- 认识到它与其他领域的相关性。
- 在有分歧及疑惑的地方做适当的评论。

12.7 最终……

学习的最后阶段包括对笔记和思维导图进行整合。整合后的思维导图就可以作为以后学习与复习的基础。

完成这一最后阶段之后，你应该像做完拼图游戏一样，庆祝一下！这听起来有点滑稽可笑，但却是很重要的。如果你将完成学习任务与对自己的鼓励联系在一起，那么学习将会被赋予令人愉快的气氛，未来的学习效果也将更显著。

一旦学习顺利进行，你最好保持巨大的“大师级”思维导图，概括学习主题的主干与结构。

持续复习

除了学习结束后要及时复习之外，持续复习也很重要，而且应该参照第5章有关记忆的内容进行计划。我们知道，记忆在学习结束后不会立即衰退，而是先上升，再持平，然后陡跌（参见图12.12）。

通过图12.12可以看出，我们应该在记忆开始跌落的那一刻起复习，使记忆量一直处于顶峰状态，并把知识融会贯通，使之保持一两天，然后再进行复习。

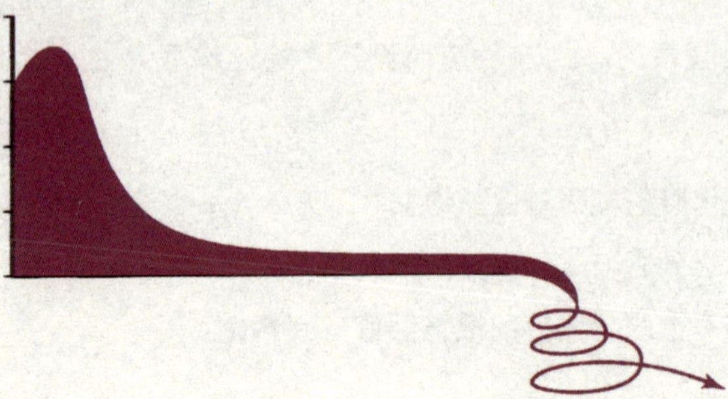

图12.12 在学习后记忆先上升，然后会陡然下降

12.8 博赞有机学习技巧小结

不能将整个博赞有机学习技巧看成是一步接一步进行的，而应该看成是一系列相互联系的学习方法，而且也要把它与本书其他章节的内容结合起来看待。还要记住，这些步骤的顺序是完全可以改变的——你不必按照这里给出的步骤进行。

例如，在确定看书时间前可以先确定学习的任务量；在确定看书时间与任务量前，你可以对主题已经有所了解，因此与主题有关的知识的思维导图可以先完成；提问可以在准备阶段或稍后的任一步之后进行；对于不适合总览的书籍，则可以省去这一步；如果所学习的学科是数学或物理，总览则可以被重复多次（一位学生发现，连续4周用总览技巧快速地阅读4章研究生数学书，每周25次，其效果比每次费劲地记一个公式的效果好得多。当然他把这种方法发挥到了极致，但很有效，对于难点的处理他采取了先跳过去的方法）；预习可以省去，或分成几个部分进行；精读与复习可以根据需要多次进行，也可以省去。

换句话说，任何学科或任何学科的任意一本书，都应以最适合它的方式来学习。对于每一本书，你都要带着不论其多么艰涩总会获取一些基本知识的信念，去为它选择一些合适和必需的独特学习方法。

这样，你的学习就会是一个有个性、相互影响、不断变化与积累经验的过程，而不是刻板的、没有个性的和乏味的繁重负担。还应该注意，尽管表面看来好像这本书被阅读了更多的次数，但实际上不是如此。应用博赞有机学习技巧阅读，大部分章节平均只看一次，只要对重点部分进行有效的复习就可以了（参见图12.13）。

图12.13 用博赞有机学习技巧阅读一本书的"次数"

相反地，那些传统的、"一次通读"的阅读者，实际上不止阅读一次，而是无数次重复阅读。他认为自己只看了一遍书，是因为他每次在吸收一条信息后再吸收另外一条。但他没有意识到，自己在无数次地回视，反复地斟酌难点，因而整体知识结构松散，而且由于复习不充分而容易遗忘。这样，每本书或每个章节，他往往实际上读了十几次（参见图 12.14）。

图 12.14 用传统的、“一次通读”的阅读法阅读一本书的“次数”

博赞有机学习技巧——配合本书已经讲述的快速阅读、思维导图、记忆技巧和创造性思维——可以让你的大脑以越学越轻松的方式，带领你愉快地步入知识的殿堂，并使你从一个“勉强”的学习者变成一个孜孜不倦的好学者，可以几百本几百本地“吞食”书籍、课本、说明书、演讲和研讨！

接下来，让我们来看看迎接你的都有什么样的机遇，因为你现在正要启动大脑，应用我为你在大脑的世纪、思维的千年和智能时代设计的全新的学习与思维技巧。

结论：思考未来

随着21世纪（大脑的世纪）和第三个千年（思维的千年）的到来，人类已经进入一个将被未来的史学家称为“有史以来最伟大复兴的开端”（尽管很多人并没有意识到这一点）——它无疑将成为人类进化的一个永恒的特征。这一复兴就是智能时代。

智能时代

自我首次写作《思维导图使用手册》一书后的40年间，人们对人类自身聪明才智的探索越来越着迷，研究的步伐也在不断加快。随着智能时代的到来，人们对大脑的研究风起云涌，全球对大脑及其非凡潜能的兴趣与日俱增，有关大脑的话题也不断被各种媒体所报道，尤其是杂志。

据我们了解，1991年之前，大脑还从来没上过杂志的封面；但是1991年《财富》杂志在其封面报道中宣称：“脑力：智力资本如何成为了美国最有价值的资产。”换言之，如果你想发财致富，那么就为你的大脑投资。

《财富》杂志开启先河之后，大脑专题上了成千上万份杂志的封面。下面仅仅是其中的几个例子。

《时代》周刊已经迷恋上了大脑专题。大脑专题上过其封面20次，主要报道创造力、记忆力和令人震惊的新发现，即大脑的智能与大脑的滋养方式有错综复杂的联系；还有一项令人震惊的新发现就是，如果我们的大脑得到适当的培养，就会继续生长，如果培养不当，就会衰退。

《科学美国人》发行的新杂志《思维》专刊报道了创造力与创新。其头版的标题宣称：“我们每个人的聪明智慧是怎么来的。”也就是说，全球的科学家们已经达成了共识，即每个人本质上都是很聪明的，我们的职责就是去培育和收获这种聪明的智慧。《经济学家》于2009年在其专刊《智慧的生活》中把此置于我们的社会与文化背景中来考虑，有一篇文章题为"大众智能时代"。

复习、智能与年龄

在了解了关于我们自身的知识之后，那些诸如人类智力随年龄增长不断衰退之类的旧观念将逐渐瓦解。例如，有人认为人的智能将随年龄增长而逐渐衰退。而人们复习的方式与此种看法之间存在着有趣的联系。

很多人以为：人类的智商水平、记忆力、辨识特殊关系的能力、感知速度、判断速度、归纳能力、描述能力、联想记忆力、智力速度、智力水平、语义关联、正式的或普通的推理能力等在18~25岁时达到巅峰，以后逐年衰退（参见图C.1）。从提供的数据看，这种判断似乎是合理的，但要注意以下两个重要的因素。

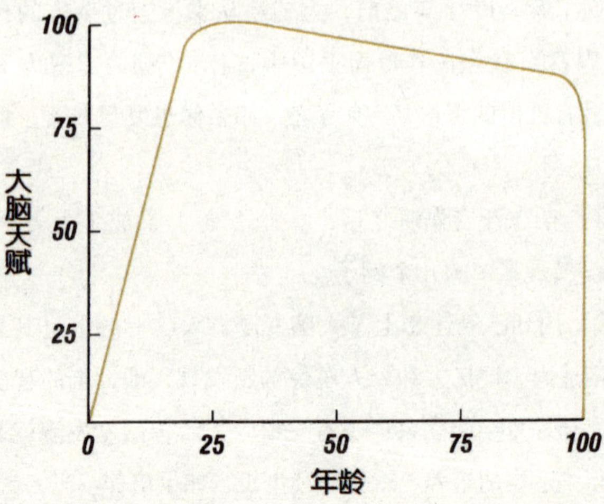

图C.1 本图显示了随着年龄的增长智能测试的标准结果。一般认为，人的智能在18~25岁时达到巅峰，以后逐年衰退

- 纵观人的一生，智能最高点与最低点之间的差距不过才5%~10%，

这一衰退幅度与大脑巨大的潜能相比，几乎可以忽略不计。

- 参与这项得出令人沮丧数据的测试的人们，都接受的是传统教育，因而多半没有练习过正确的学习、复习及记忆等技巧。

从图 C.1 我们很容易看出：随着人的年龄不断增长，其个人智力“状况”却一直处于很低的水平。换句话说，他真正的智能可能早被打入“冷库”中。毫不奇怪，这样一个未被开发的大脑，经 20~40 年的“误”用或搁置不用之后，智力能开发到这个程度已经是惊人地“好”了！

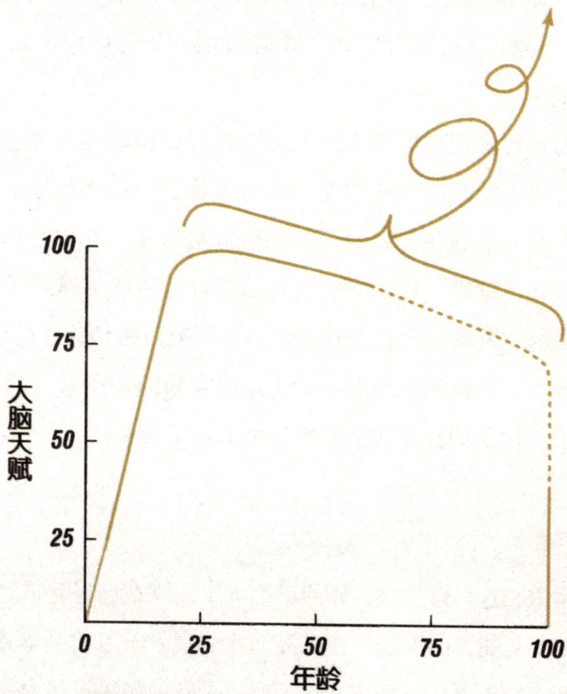

图 C.2　图 C.1 显示的是接受传统教育的人们的统计数字。如果一个人所接受的教育可以补充和培育大脑的自然功能，那么他的智能也自然会有逐渐提高的趋势

如果大脑得到了持续的应用且能力不断拓展，“年龄—智能”效果图将是另一番景象（参见图 C.2）。这点从那些充满活力和开创精神

的长者身上得到了验证。他们的智能并没有随年龄增长而降低，他们的记忆通常是完整的，理解与学习新知识的能力也远远超出那些同样勤奋、年轻而缺乏经验的人。

研究人类智能发展情况，人们常常会错误地认为：智能随年龄增长而衰退是自然而又不可避免的事。但是，如果对被研究对象进行更密切的观察与分析，然后通过实验，就能发现智能怎样才能得到最大限度的发挥，而不是逐渐萎缩。我们越来越多地发现很多乐观向上的“反常者”：他们年过70、80，甚至90却仍然有活力、乐观、幽默、体力充沛、有毅力、热情、兴趣广泛、具有开拓精神、好奇心强、善良、记忆力完好、耳聪目明——这些词汇通常是用于描述孩子的。

大量的益智游戏，包括“任天堂”这样的国际巨头所推出的那些游戏，也说明人们越来越意识到，脑力训练是不受年龄限制的。事实上，现在人们的信念是，大脑可以变得极端敏锐，就像身体可以通过饮食和锻炼获得健康一样。通过这样的游戏是否能够减弱或消除老年痴呆症的影响或威胁，则是现代神经科学研究所密切关注的事情。

我们发现，如果我们理解、关注并按大脑的特点来“启动大脑”，那么爱德华·休斯的故事将会发生在每个孩子身上。

展望未来

看完本书，这一路走来，你的思维兵工厂现在已经建成，你也拥有了一个具有非凡能力的大脑。你已经清除了高效学习的基本障碍。你的阅读速度高于世界上99%的人。你拥有了全新的超级记忆力。你拥有了世界上最强大的思维、学习和记忆工具——思维导图，而且你知道如何最大限度地使用世界上最有效的学习技巧——博赞有机学习技巧。

为了最大限度地发挥你已经令人惊讶的大脑潜力，我给你10条简单的建议，指导你“启动大脑”。

1 **培养多元智能**。这些智能包括创造智能、人际智能、社交智能、精神道德智能、身体智能、语言智能、数学智能、空间智能和感官智能。我们每个人都拥有这些智能。它们是你的“万用救生包”，是你的“思维主体”，可以像身体一样变得不断强壮。

2 **身体健康 = 大脑健康**。有句老话说得好，“有健康的身体才有健康的心灵”；同样，有健康的心灵才有健康的身体。只有身体健康，你的心灵才会更健康，反之亦然。例如，在你从事有氧运动时，你的大脑将接收到越来越多的“F1 方程赛”的血液，在生命的每一分钟都将充满这样的血液。

3 **思维导图！**思维导图是你“大脑的瑞士军刀”。运用它，你的大脑将会表现得更加出色，也会更多地受到你的控制，而且也会变得更加高兴。

4 **发展你的记忆**。从很大程度上来说，你的记忆就是你自己。设想一下，如果你的全部记忆被人带走，那么情形会怎样。读书、上网、参加记忆力竞赛、学习记忆技巧和参加提高记忆力的课程。你这样做时，你的生活将变得更加愉快，也令人更加难忘！

5 **做思维运动**。刺激你的短期记忆和提升你的长期记忆。《思维导图使用手册》推荐 5 种思维运动——记忆、速读、智商、创造力和思维导图。你还应该参与诸如国际象棋和围棋这样的游戏，以及字谜和脑筋急转弯这样的大脑技能运动。这些思维运动可以刺激大脑的许多区域，减少老年痴呆症的发作。你的大脑构造是可以让你终生学习的。终生通过学习新的学科不断刺激大脑，并且把学习到的知识绘制成思维导图。

6 **滋养大脑**。有一个简单的口号，可以帮你专注于此：好食品，好大脑；垃圾食品，垃圾大脑。由于大脑是食物的主要接受者，因此要确保你所吃的食物具有最高的营养。

7 **实现生活愿景**。有远大目标或愿景的人有更多的精力、更积极的心态、更健康的免疫系统和更长的寿命。在家人和朋友的帮助下，确定你的生活愿景，把它制作成思维导图，并且精神百倍地去实现它。

8 **定期休息**。你的大脑和身体需要定期休息，以便恢复精力和体力，以及整合之前所经历的事情。制定出休息的计划（参见第4章）——无论是在大自然中散步、洗个热水澡，还是听你喜欢的音乐都行。

9 **寻求独处**。你需要独处的时间。它可以给你与自己对话的机会，这是最重要的一种对话。请制定独处的计划。

10 **滋养情感**。独处的反面也很重要。许多科学研究表明，当大脑受到友谊、爱的滋养时，它将变得更加旺盛、更加活跃。一定要给你的大脑充足的友谊和爱的营养。

在你即将读完《思维导图使用手册》之时，我希望你能意识到：一切并没有结束，而是一个全新的开始。我希望你现在能够：

- 欣赏大脑复杂和美妙的结构。
- 理解大脑巨大的智慧和情感能量。
- 意识到你能够吸收信息和记住信息。
- 用从本书学习到的新方法，使大脑能在更为复杂的情况下组织和表达自我。

从此，阅读、学习、生活应该能够变得愉快和流畅，给你带来快乐和成就。终生享受“启动大脑”的快乐吧！